高校入試
スーパーゼミ
英語リスニング

宍戸 真 著

文英堂

はじめに

　英語リスニング問題は，全国すべての都道府県で出題され，その配点は約25%です。単語，熟語，文法，長文読解の学習ばかりにとどまらず，リスニング対策も入試で高得点を目指すためには，もはや不可欠といえるでしょう。リスニングは最後に短期集中でと考えている人も多いかもしれませんが，英語を聞くための「耳」は一朝一夕に身に付くものではありません。日ごろから英語に慣れ，毎日短い時間でかまいませんから，英語の音を聞く耳を鍛えましょう。また，ここで身につける英語を聞く力は，3年後には大学入試センター試験の英語リスニング問題受験対策の基礎として役立つものです。一度限り必要とされるインスタントな力としてではなく，将来も見据えた本物の「英語耳」を身につけるように心がけましょう。

　本書は，過去4年間に全国の都道府県で出題されたリスニング問題およそ800題を徹底的に調査，分析し，出題傾向，問題形式，問題内容，場面，トピック，難易度などさまざまな観点から分類しています。放送される英語の特徴を大きく2つに分け，前半を会話編，後半を英文編としています。また，効率よく，効果的な受験対策が可能となるよう，十分な配慮をして問題を選択し，わかりやすい解説，聞き取るための音のポイントなどを付記しました。

　リスニング問題へ取り組むための基礎力として，英語の音を聞き分ける力が大切です。学習段階の早い時期に個々の単語の発音，英語のリズム，イントネーション，音の変化の理解を深め，「英語耳」を身につけましょう。本書には「英語の音」に関する基本事項をコラムとして掲載してありますので，ぜひ活用してください。このような英語の音の特徴を熟知したうえで，答を導くためのポイントを理解しましょう。

　本書を利用して身につけたリスニング力で志望校に合格するばかりでなく，それが将来英語を聞く，また究極的には英語を話す力を身につけるのにも役立つことを願います。

著者

もくじ

　　本書の構成と使い方……………………………… 6
　　都道府県別出題形式一覧………………………… 8

第1章　会話文を聞いて答える問題 …………………………… 11

1 イラストや図表を使った問題（会話文） ……………………………………… 12
　1. 何をしているか ……………………… 12
　2. 乗り物に関する会話 ………………… 14
　3. 日付を聞きとる問題 ………………… 16
　4. 時間を聞きとる問題 ………………… 18
　5. 地図を見て答える問題 ……………… 20
　6. 位置を聞く問題 ……………………… 22
　7. 留学生の日本での生活に関する問題 …… 24

2 会話の応答文を選ぶ問題 ……………………………………………………… 28
　1. 買い物での会話 ……………………… 28
　2. レストランでの会話 ………………… 30
　3. 電話での会話 ………………………… 32
　4. 予定についての会話 ………………… 34
　5. 何をしたかを聞く会話 ……………… 36
　6. 旅行についての会話 ………………… 38

3 会話文の質問に答える問題 …………………………………………………… 40
　1. 計算が必要な問題 …………………… 40
　2. 場所・場面を答える問題 …………… 42
　3. 理由を聞きとる問題 ………………… 44
　4. 休暇についての会話 ………………… 46
　5. 学校生活に関する会話 ……………… 48
　6. 旅行に関する会話① ………………… 50
　7. 旅行に関する会話② ………………… 52
　8. 誕生日についての会話 ……………… 54
　9. 本に関する会話 ……………………… 56

4 会話文の内容－メモ穴埋め問題，内容真偽問題 …………………………… 60
　1. 伝言メモの完成（日本語） ………… 60
　2. インタビューの内容のメモ穴埋め（日本語）… 62
　3. インタビューの内容のメモ穴埋め（英語）… 64
　4. 内容真偽問題 ………………………… 66

第2章　英文を聞いて答える問題・その他の問題 ………… 69

5 イラストや図表を使った問題（英文） ………………………………………… 70
　1. 写真やイラストの描写についての問題 … 70
　2. 時間に関する問題 …………………… 72
　3. 大小を答える問題 …………………… 74
　4. 地図を見て答える問題① …………… 76
　5. 地図を見て答える問題② …………… 78
　6. 人物をあてる問題 …………………… 82
　7. グラフを見て答える問題 …………… 84

6 英文の質問に答える問題 ……………………………………………………… 86
　1. なぞなぞ ……………………………… 86
　2. スピーチ・手紙・ビデオレター …… 88
　3. 案　内 ………………………………… 90
　4. メッセージ・留守電 ………………… 92
　5. 人物描写① …………………………… 94
　6. 人物描写② …………………………… 98
　7. 自己紹介 ……………………………… 102
　8. 旅行・体験 …………………………… 106
　9. ニュース ……………………………… 110

7 応答文を答える問題 …………………………………………………………… 114
　1. 何と答えるか? ……………………… 114
　2. 英作文で答える問題① ……………… 116
　3. 英作文で答える問題② ……………… 118

8 英文のまとめを穴埋めで完成する問題 ·· 120
　1. スピーチの内容のまとめを穴埋めで
　　完成する問題（英語） ·················· 120
　2. 放送・アナウンスのまとめを
　　穴埋めで完成する問題（日本語） ········ 122

9 英文を聞きとる問題 ·· 124
　1. 英文を聞きとり書きとる問題 ············ 124

　　　英語の音①　強勢 ································· 10
　　　英語の音②　音の変化（連結・同化・脱落） ········· 97
　　　英語の音③　イントネーション ······················ 113

別冊　解答・解説

本書のCDの構成と収録内容

本書にはCD2枚が附属しています。各CDの収録内容は次のとおりです。

1　イラストや図表を使った問題（会話文）
2　会話の応答文を選ぶ問題
3　会話文の質問に答える問題
4　会話文の内容－メモ穴埋問題，内容真偽問題
英語の音①～③

5　イラストや図表を使った問題（英文）
6　英文の質問に答える問題
7　応答文を答える問題
8　英文のまとめを穴埋めで完成させる問題
9　英文を聞きとる問題

　CD1には**第1章**の各問題と**「英語の音」**の音声が，**CD2**には**第2章**の各問題の音声が収録されています。
　各項目の問題は「例題」「基礎」「応用」の問題とも原則として1回ずつ収録されています。実際の問題は1回読みから3回読みまでさまざまですが，ほとんどの問題が2回読みです。一度聞いたらリピートをして聞いてください（停止ボタンを押して止めたあとに再生ボタンを押してください。機種によって操作が違う場合がありますので取扱説明書でご確認ください）。実際の試験で読まれる回数は問題毎に指示文の最後に赤字で示しています。なお一部の変則的な読み方をする問題や**9　英文を聞きとる問題**は実際の問題と同じ回数分収録しています（★で注意書きがあります）。

本書の構成と使い方

本書の構成

●出題形式別の配列

本書は，「英語リスニングテストに関しては，入試を直前に控えた受験生は実際に出た問題にあたってみるのが一番」という考え方から，問題を中心に構成。出題形式別に2つの章，9つのセクションに分けて配列しました。

第1章は「会話文を聞いて答える問題」で，放送で読み上げられる英文が会話文（対話形式）である問題です。第1章には4つのセクションがあり，「イラストや図表を見て答える問題」，「会話の応答文を選ぶ問題」，「会話文に対する質問に答える問題」，「会話の内容をまとめる問題」に分かれています。

第2章は「英文を聞いて答える問題・その他の問題」です。放送で読み上げられる英文が会話文（対話形式）でないもので，長い英文もあれば単文もあります。その他の問題は答えとして英文を書かせる「英作文」の問題と，「聞きとった英文を書きとる問題（ディクテーション）」です。第2章は「イラストや図表を見て答える問題」，「英文の質問に答える問題」，「応答文を答える問題」，「英文の内容のまとめを穴埋で答える問題」，「聞きとった英文を書きとる問題」の5つに分かれています。「英作文」の問題は応答文を答える問題が多いので，「応答文を答える問題」に入れてあります。

●難易度順の配列（やさしい問題から難しい問題へ）

各セクションは，話題別，場面別，形式別に最大で9つの項目に分かれています。セクション内ではおおまかに放送文が短いものを前に，長いものを後ろに持ってきています。高校入試の問題ではおおむね放送文が長いほど聞きとりは難しくなります。本書ではやさしい問題をやったあとに難しい問題に進むような構成になっていますので，同じ形式の中で徐々にレベルアップすることができます。

各項目は「例題」のあと「基礎」「応用」の構成になっています。ここでも徐々に難しい問題になるように問題を選んでいますので，やさしい問題から取り組めるようになっています。

セクションによって小項目の数が異なりますが，「項目の多いセクションは出題頻度の高い問題形式」であると考えていいでしょう。頻度の高い問題形式をたくさん演習できるようになっています。

●受験する県・学校の出題形式を確認する

実際に自分が受ける予定の出題形式を確認してください。本書ではp.8に各都道府県でどの出題形式の問題が出たかを掲載しています。この表を参考に自分の受ける試験に出る形式を重点的に学習してください。同じ形式のものは問われるポイントは似通っていますので，積極的に解いてください。また，試験の出題形式は変更されることもあります。時間があれば，他の形式の問題にも取り組んでください。

本書の使い方

●本書の紙面について

第1章，第2章とも，本冊の紙面は次のような構成になっています。各項目とも「傾向と攻略のポイント」のあとに「例題」→「基礎」→「応用」と問題が続く構成となっています。

最初にそこの項目の問題の**出題傾向と解答するときのポイント**が書かれています。そのあとに「例題」に移ります。「例題」はその項目の問題はどういうものかを知るための問題です。問題のほか，放送文，日本語訳，問題の解説，音声面の解説，単語と文法面のチェック事項，解答が書かれています。放送文と日本語訳は赤い字で印刷されています。最初に問題を解くときには赤いシートで隠してください。解いた後に読んで，放送文を確認してください。

「基礎」と「応用」は選択肢など試験の紙面に出る情報のみを載せています。放送文，日本語訳，解説，解答等はすべて別冊に載せています。問題を解いた後に，別冊を読んでください。

「例題」「基礎」「応用」で取り上げた問題の指示文は，実際の入試では問題用紙に書いてあるもの，放送で読まれるものなどまちまちです。本書では**指示文は全て紙面に載せる**形にしました。実際の入試で放送で読み上げられる問題には※で注をつけています。

1つの項目は原則として見開きの2ページですが，長い放送文の問題を扱った一部の項目では3～4ページのところもあります。流れは同じですので，同様に学習してください。
CDの使い方はp.5の「**本書のCDの構成と使い方**」を読んでください。

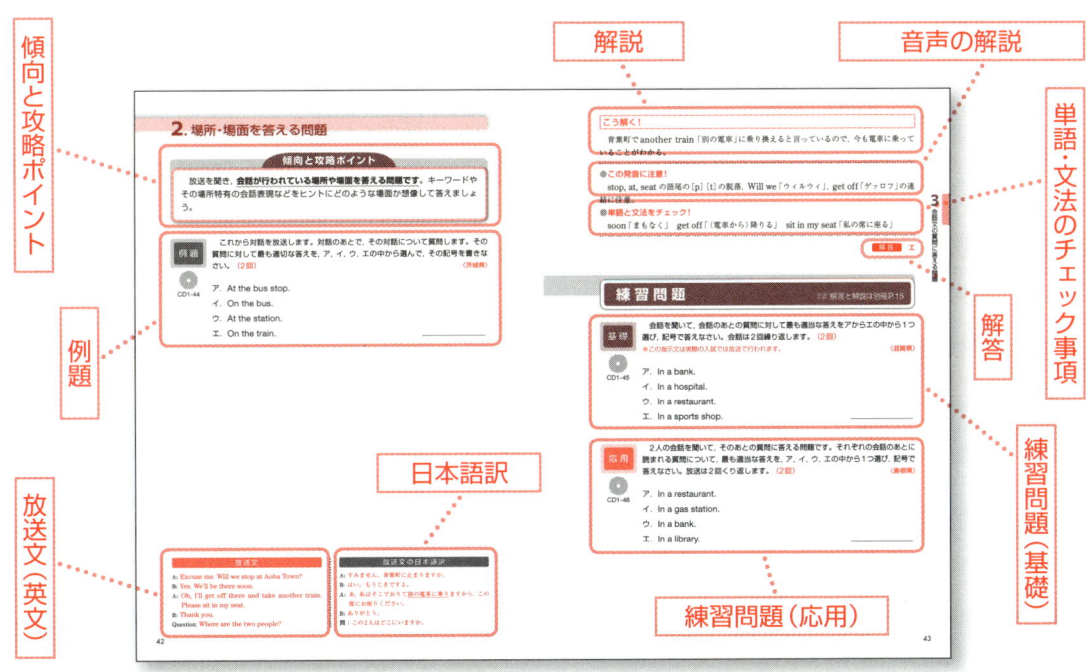

本書では「英語の音」の特徴的なもののうち，**高校入試の受験生に必要なもの**をコラムで載せています。各項目の音声の解説（「この発音に注意！」）にも，その用語が出てきます。演習を始める前でも途中でも構いませんので，一度読んで確認してください。

「英語の音①　アクセント」→ p.10　　「英語の音②　音の変化」→ p.97
「英語の音③　イントネーション」→ p.113

全国都道府県立高校入試 英語リスニングテスト出題形式一覧

　本書は出題形式別に学ぶ構成になっていますが，ここでは各都道府県立高校の英語リスニングテストの入試問題がどの形式で出題されているかが，一目でわかるように一覧表を作りました。問題形式は毎年ほぼ一定です。自分の受ける問題はどの形式の試験なのかを確認して，そのセクションを重点的に学習してください。

		1 イラスト（会話）⇒ p.12	2 会話の応答文 ⇒ p.28	3 会話の質問文 ⇒ p.40	4 メモ穴埋・内容真偽 ⇒ p.60	5 イラスト（英文）⇒ p.70	6 英文の質問文 ⇒ p.86	7 応答文・英作文 ⇒ p.114	8 まとめの穴埋 ⇒ p.120	9 英文の書き取り ⇒ p.124
1	北海道	□○△	□○△	□			□○△			
2	青森県			□○△		□○△	□○△	□		
3	岩手県	□○△	□○△	□○△			□○△	□	□○	
4	宮城県	□○△	□○△	□○△						
5	秋田県	□○△		□○△		□○		□		
6	山形県	□○△		□○△	□○		□○△		□○△	
7	福島県	□○△			□		□○△		□○△	
8	茨城県		○	□○△	□○	□○△				
9	栃木県	○△	□○△	□○△	□○△		□			
10	群馬県	□○△	□○△				□○△	□○△		
11	埼玉県	□○△		□○△	□○					
12	千葉県	□○△	□○△				□○△			□
13	東京都			□○△						
14	神奈川県		□○△					□○△	△	
15	新潟県	□○		□○△			□○△		□○△	
16	富山県	□	○△	□○△	□○△	□○△	□○△			
17	石川県	□○△	△	□○△	□○	○△	□○△		□	
18	福井県			□○△	□○△		○△	□○△	□	
19	山梨県			□○△	□○△	□○△	□○△			
20	長野県			□○△		□○△	□○△			
21	岐阜県	□○△	○△				□○△	□○△	□○△	
22	静岡県	□○△	○△		□		□○△	□		
23	愛知県		○△	□○△	□				○	
24	三重県	○	□○△	□○△	□	□			○	□

□：2017　○：2016　△：2015

		1 イラスト（会話）⇒p.12	2 会話の応答文 ⇒p.28	3 会話の質問文 ⇒p.40	4 メモ穴埋・内容真偽 ⇒p.60	5 イラスト（英文）⇒p.70	6 英文の質問文 ⇒p.86	7 応答文・英作文 ⇒p.114	8 まとめの穴埋 ⇒p.120	9 英文の書き取り ⇒p.124
25	滋賀県	□○△	□○△	□○△		□○△	□○△	□○△		
26	京都府		□○△	□○△	△		□○△			
27	大阪府	□○△	○△	□○△	□○△		□○△			
28	兵庫県	□○△		□○△		○				□△
29	奈良県	□△	□△	□○△	○	□○△	□○△			
30	和歌山県	□○△	□○△						□○△	
31	鳥取県		△	□○△	□○	□○△	□○		△	
32	島根県	□	□○△	□○△	○	○△	□○△	□○		
33	岡山県	□○△	○△		□○△	□○△		○	□	
34	広島県	□○△		□○△				□○△	○△	
35	山口県		□○△		□○△		□○△		△	
36	徳島県	□○	□○△			□○	□○△			
37	香川県	○△	□○△	□△	□○△	□○△				
38	愛媛県	□○△	□				□○△			
39	高知県		□○△	□○△	□○△	□○△				
40	福岡県	○		□○△		□○△	□○△	□○		
41	佐賀県	○△	□○△	□○△		□	□○△			
42	長崎県		□○△		□○△	□○△		□	○	
43	熊本県		□○	□○△	□○△	□○△		□○△		
44	大分県		□○△			□○△	□○△			
45	宮崎県	□○△		□○△		□○			□○△	
46	鹿児島県	□○△	○△	□○	□○△		□○△	□○△		
47	沖縄県		□○△			□○△	□○△			

英語の音①
強勢

　リスニング問題を解くためには，英語の音の特徴を理解していると，とても役立ちます。日本語の音との違い，英語独特の音の特徴を理解し，リスニング問題へと応用しましょう。また，音を聞くだけではなく，CDに合わせて発音することも心がけましょう。自分で発音できる音は聞き取ることが出来るからです。

アクセント

　1つの単語の中で最も強く発音される母音［a, i, u, e, o］を**アクセント**といいます。辞書の発音記号に［ˊ］のマークがついている部分です。動詞と名詞など，品詞の変化とともにアクセントの位置が変わる単語や位置の違いによって意味が異なる単語，日本語のカタカナ語と英語で異なるものなどに気をつけましょう。
（注：アクセントのある音節を○，アクセントのない音節を•で表す）

a. 名詞と動詞でアクセントの位置が変わる例

CD1-80　íncrease（名詞）「増加」—— incréase（動詞）「増える」
　　　　（○•）　　　　　　　　　（•○）

b. アクセントによって意味が異なる例

CD1-81　désert（名詞）「砂漠」—— dessért（名詞）「デザート」
　　　　（○•）　　　　　　　　（•○）

c. 品詞によってアクセントの位置が変化する例

CD1-82　informátion（名詞）「情報」—— infórm（動詞）「知らせる」
　　　　（••○•）　　　　　　　　　　（•○）

d. 日本語と英語でアクセントが異なる例

CD1-83　ハンバーガー　　　　　　　—— hamburger
　　　　（•••）　　　　　　　　　　　（○••）
　　　　（日本語は平坦でアクセントがない）（英語は第一音節にアクセント）

　　　　カヌー　　　　　　　　　　—— canoe
　　　　（○•）（日本語は第一音節）　　（•○）（英語は第二音節）

第1章

会話文を聞いて答える問題

　第1章は会話文（対話）を聞いて答える問題を集めました。リスニングテストでは最もよく出るタイプの問題です。問題のタイプによって大きく4つに分けています。セクション1はイラストや図・地図・表を見ながら答える問題，あるいは正しいイラストを選ぶ問題です。セクション2は会話の応答文を選ぶ問題です。セクション3は会話文の内容についての質問に答える問題です。最後のセクション4は会話文の内容をまとめた文を穴埋めをして完成する問題と，会話文の内容として選択肢が正しいか間違っているかを答える問題（内容真偽問題）です。

　いずれのセクションも後半に進むにしたがって難しい問題になります。

　それでははじめましょう。

1 イラストや図表を使った問題（会話文）

1. 何をしているか

傾向と攻略ポイント

放送を聞き，内容を表しているイラストを選ぶ問題です。**答えを見つけるキーワードが必ずあります**から，聞き逃さないようにしましょう。登場人物や場面を想像すると，何をしているのかが思い浮かぶでしょう。

例題 これから，短い対話を放送します。その対話がなされている場面として最もふさわしいものを，下のア〜ウの中から1つ選び，その記号を書きなさい。　〈鹿児島県〉
（2回）

CD1-2

ア 　イ 　ウ

放送文	放送文の日本語訳
Woman: This apple pie is very good. Did you cook it? Man: Yes, I did. Would you like some more?	女：この<u>アップルパイ</u>はとてもおいしいわ。あなたが作ったの？ 男：そうだよ。もう少しどう？

こう解く！

apple pieやcookというキーワードから，男性がエプロンをして，女性が食事をしているイラストが正しいとわかります。

● **この発音に注意！**
Would you, Did youは，[d]と[y]が連結して[ウッジュ]「ディジュ」となるのに注意。apple pieは「アッポーパイ」，some more [m]が同化して[サモア]と聞こえる。

● **単語と文法をチェック！**
Would you like 〜?　〜「はいかがですか」
some more「もう少し」

解答　イ

練習問題

☞解答と解説は別冊P.2

基礎

CD1-3

　これから，1番と2番の対話を2回ずつ読みます。それぞれの対話の内容と最も関係のある絵を，アからエまでの4つの絵の中から1つずつ選んでその符号を書きなさい。（2回）　★この問題はCDに2回分吹き込まれています。

※この指示文は実際の入試では放送で行われます。

〈大分県〉

1番

2番

1番 _____

2番 _____

応用

CD1-4

　これは絵を選ぶ問題です。今から，TaroとTaroのお母さんの会話を英語で2回くりかえします。よく聞いて，Taroが今日したことを表している絵を，①から④までの絵の中から1つ選びなさい。（2回）

※この指示文は実際の入試では放送で行われます。

〈香川県〉

①  ② ③  ④

2. 乗り物に関する会話

傾向と攻略ポイント

電車やバスなどの乗り物に関する会話を聞いて，内容にふさわしいイラストを選ぶ問題です。**答えを出すためのキーワードが必ずある**ので，聞き逃さないよう集中しましょう。

例題 対話を聞いて，その内容と最も関係のある絵を，アからエまでの4つの絵の中から1つ選んで，その符号を書きなさい。（2回）

※この指示文は実際の入試では放送で行われます。 〈大分県〉

CD1-5

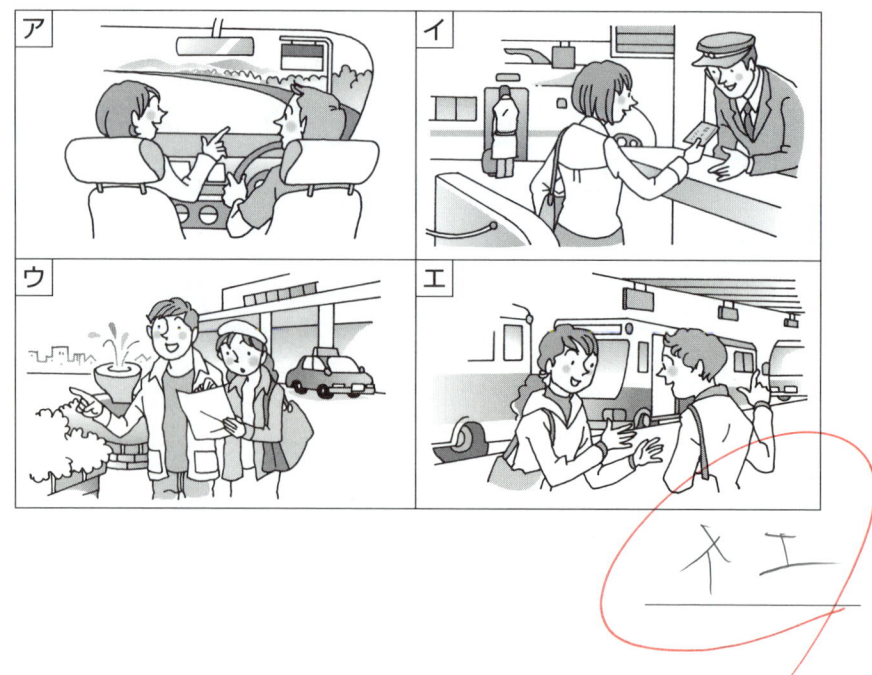

放送文	放送文の日本語訳
A: Excuse me. Which bus goes to Oita Station? B: You can take this.	A: すみません。どの<u>バス</u>が大分駅へ行きますか。 B: このバスに乗ればいいですよ。

こう解く！

　キーワード"Which bus"からバスの案内に関する会話であることがわかるので，「**エ**」が正解である。

●**この発音に注意！**
　Excuse me.は，「すみません」と声をかけることばなので，イントネーションは上昇調になる。

●**単語と文法をチェック！**
　excuse me「すみません」　which bus 〜？「どのバスが〜ですか」　take「利用する，乗る」

　　　　　　　　　　　　　　　　　　　　　　　　　　　　　　解答　**エ**

練習問題

☞解答と解説は別冊P.2

基礎　短い英語の会話を聞いて，それに合う絵を選ぶ問題です。会話の内容を最もよく表している絵を，ア，イ，ウ，エの中から1つ選んで，その記号を書きなさい。（2回）
※この指示文は実際の入試では放送で行われます。　　〈佐賀県〉

CD1-6

ア　　　　イ　　　　ウ　　　　エ
 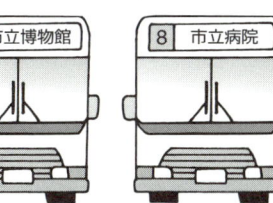  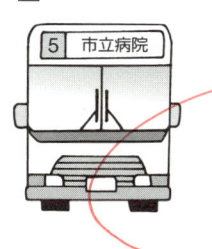 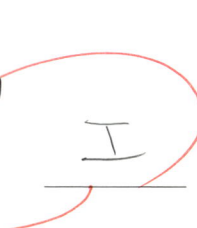

応用　対話の後で，その内容について，クエスチョンと言った後に英語で質問をします。その質問の答えとして最もふさわしい絵を，ア，イ，ウ，エから1つ選びなさい。
（2回）※この指示文は実際の入試では放送で行われます。　　〈北海道〉

CD1-7

ア　　　　　　　　　イ
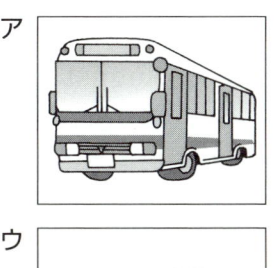 

ウ　　　　　　　　　エ
 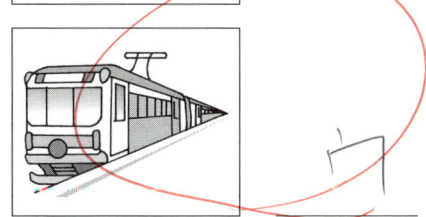

3. 日付を聞きとる問題

傾向と攻略ポイント

会話の中に出てくる日付を聞き取る問題です。**英語の月の呼び方や日にちの言い方などに注意**しながら，日本語で構わないので必ずメモを取るようにしましょう。計算が必要な場合もあるので，よく聞きましょう。

例題 対話を聞き，その内容についての質問の答えとして最もふさわしい絵を，ア〜エから選びなさい。（2回） 〈北海道〉

CD1-8

ア 　イ 　ウ 　エ

放送文	放送文の日本語訳
A: Can I go to see your next soccer game, Tom? B: Sure. It is August seventh. Please come! A: OK! Question: When is Tom's next soccer game?	A: 今度のサッカーの試合見に行ってもいい，トム？ B: いいよ。8月7日だよ。来てね。 A: オーケー。 問：トムの次のサッカーの試合はいつですか。

こう解く！

キーワードであるAugust seventhを聞き逃さない。Augustは8月。日付をいうときには，1st, 2nd, 3rd以降はthをつけた序数になる。

●**この発音に注意！**
　Can I「キャナイ」と連結する。seventh「セヴンス」
●**単語と文法をチェック！**
　soccer「サッカー」　game「試合」

解答 ア

練習問題

☞解答と解説は別冊P.3

基礎

会話を聞いて，健太の誕生日を表すものとして正しいものをア〜エから1つ選び，記号を書きなさい。（2回）　〈大阪府〉

CD1-9

ア 　イ 　ウ 　エ

応用

次の対話とそれについての質問が2回ずつ読まれる。その英文を聞いて，ア〜エの中から最も適当なものを1つ選び，その記号を記入する。（2回）

※この指示文は実際の入試では放送で行われます。　〈愛媛県〉

CD1-10

ア 　イ 　ウ 　エ

4. 時間を聞きとる問題

傾向と攻略ポイント

会話の中で時間が出てくる問題です。 計算が必要なものもありますので，注意して聞き取るよう，心がけましょう。

例題 会話を聞き，会話の内容をもっともよく表している絵を，ア～エから1つ選び，記号で答えなさい。（2回）

〈鳥取県〉

CD1-11

ア  イ

ウ エ

放送文	放送文の日本語訳
A: I'm sorry I'm late. I got up at 9:30. B: That's OK. A: What time does the movie start? B: It starts at 10:30. A: Then we only have 15 minutes.	A: ごめん，遅くなって。9時30分に起きたんだ。 B: 大丈夫よ。 A: 映画は何時に始まるの？ B: <u>10時半</u>から。 A: じゃあ，<u>あと15分</u>しかないね。

> **こう解く！**
>
> 起きた時間は9時半だが，これは質問とは関係ない。映画が10時半に始まり，それまであと15分ということは，現在の時刻は10時15分である。キーワードとなるfifteenに注意。
>
> ●**この発音に注意！**
>
> got up「ガラップ」と [t] が [l] の音に聞こえるので，注意。thírtyは，アクセントは第1音節にある。fiftéenの第2音節との比較に注意。
>
> ●**単語と文法をチェック！**
>
> get up「起きる，起床する」　then「それでは」　only「たった，わずか」
>
> 解答　イ

練習問題

☞解答と解説は別冊P.4

基礎

CD1-12

英語の会話を聞いて，そのあとの質問に対する答えとして，最もふさわしい絵を，それぞれア，イ，ウ，エの中から1つ選んで，その記号を書きなさい。(2回)〈宮城県〉

ア 　イ 　ウ 　エ

応用

CD1-13

これから中学生の健二(Kenji)とジェーン(Jane)が英語で会話をします。会話のあとに英語で質問をします。その質問の答えとして最も適切なものを，ア，イ，ウ，エの4つの中から1つ選び，記号で答えなさい。なお，会話を2回繰り返し，そのあとで質問を2回繰り返します。(2回)　★この問題はCDに2回分吹き込まれています。

※この指示文は実際の入試では放送で行われます。〈静岡県〉

ア 　イ 　ウ 　エ

5. 地図を見て答える問題

傾向と攻略ポイント

会話に合わせて地図を見て，道順や場所を答える問題です。放送を聞きながら地図の中にメモや線，矢印などを書きながら答えるよう心がけましょう。

例題 英語の会話を聞いて，そのあとの質問に対する答えとして，最もふさわしいものを，ア，イ，ウ，エの中から1つ選んで，その記号を書きなさい。（2回） 〈宮城県〉

CD1-14

エ

放送文	放送文の日本語訳
Man: Excuse me, could you tell me the way to the library? **Woman:** Sure. Now, you are at the station. Go straight and turn left at the hospital. Then go straight and you'll see it on your right. Where is the library?	男：すみません。図書館へ行く道を教えてくれませんか。 女：いいですよ。今あなたは駅にいます。まっすぐに行って病院のところを左に曲がってください。それからまたまっすぐ行くと右側にありますよ。 問：図書館はどこですか。

こう解く！

キーワードは，go straight, turn left at the hospital, on your rightである。駅から病院まで行き，左に曲がって，右側は「ア」となるので，そこが図書館の場所となる。

● **この発音に注意！**

straight［ストゥレイ（トゥ）］, at the station「アッダステイション」とthは［d］に聞こえる

● **単語と文法をチェック！**

tell + 人 + the way to～「人に～への道順を教える」 library「図書館」 straight「まっすぐに」

解答　ア

練習問題

☞解答と解説は別冊P.4

CD1-15

これから英語で対話を行い，それについて質問をします。質問に対する答えとして最も適切なものを，ア～エから1つ選び，その符号を書きなさい。（2回）〈新潟県〉

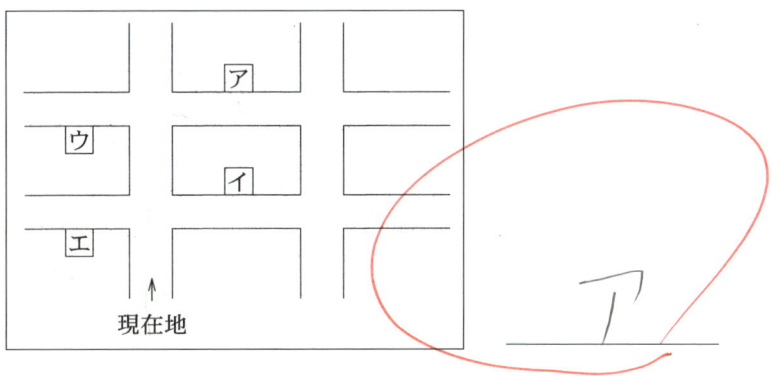

CD1-16

次の対話とそれについての質問が2回ずつ読まれる。その英文を聞いて，ア～エの中から最も適当なものを1つ選び，その記号を記入せよ。（2回）

※この指示文は実際の入試では放送で行われます。

〈愛媛県〉

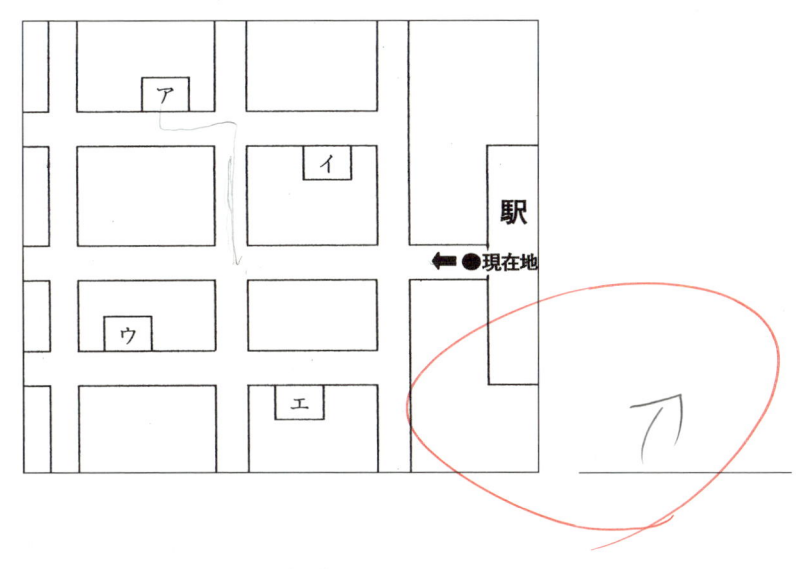

6. 位置を聞く問題

傾向と攻略ポイント

少し長めの会話を聞き，**イラストの中にあるものの位置や人物を見分ける**問題です。答えを出す上でヒントとなるキーワードが必ずありますから聞き逃さないようにしましょう。また，大切なことは日本語でもかまいませんから，必ずメモを取るよう心がけましょう。

例題　会話を聞いて，質問に対する答えとして最も適切なものを，ア～エの中から1つ選び，その記号を書きなさい。(2回)

※この指示文は実際の入試では放送で行われます。

〈埼玉県〉

CD1-17

放送文	放送文の日本語訳
Mari: Look at this picture. This is me. I'm talking to my friend. **Sam:** Is this your club activity? **Mari:** Yes. We're in the computer club. **Sam:** I see. Who is reading the book? Is it Yumiko? **Mari:** No, it's Tomoko. Yumiko is using a computer. **Question:** Which student is Yumiko.	**Mari:** この写真を見て。これが私。友達と話しをしてるの。 **Sam:** これはクラブ活動なの？ **Mari:** ええ。私たちはコンピュータークラブに入っているの。 **Sam:** そうなんだ。本を読んでいるのは誰？ ユミコかな？ **Mari:** いいえ。トモコよ。ユミコはコンピュータをしているわ。 **問:** どの生徒がユミコですか。

こう解く！

話しをしているのが私と言っているので，**ウ**がマリである。また本を読んでいるのがトモコなので，**イ**である。コンピュータをしているのは**ア**と**エ**の2人だが，**エ**は男性なので，**ア**がユミコということになる。

- ●**この発音に注意！**
  picture [tʃ]「チュ」やcomputerは [t] が [l] のように聞こえ,「ピクチュ」「コンピューラー」と [t] の音が日本語の発音と異なるので注意。
- ●**単語と文法をチェック！**
  club activity「クラブ活動」

解答　ア

練習問題

☞ 解答と解説は別冊P.5

基礎 これからTaroが自分の部屋で母親と行った対話を放送します。Taroが探しているものは何か, 日本語で答えなさい。また, それが見つかった場所を下の絵の中のa～dの中から1つ選び, その記号を書きなさい。（2回）　〈鹿児島県〉

CD1-18

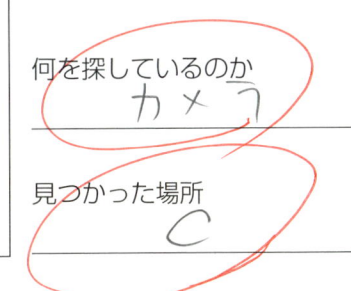

何を探しているのか　カメラ

見つかった場所　c

応用 会話を聞いて, 質問に対する答えとして最も適切なものを, ア～エの中から1つずつ選び, その記号を書きなさい。（2回）
※この指示文は実際の入試では放送で行われます。　〈埼玉県〉

CD1-19

② ア．To play tennis with Emily.
　イ．To have a cup of tea with Hisako.
　ウ．To talk with Hisako's sister.
　エ．To join the soccer club with Emily.

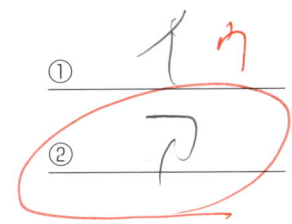

① イ
② ア

7. 留学生の日本での生活に関する問題

傾向と攻略ポイント

とても長い会話を聞き、質問に対する答えとしてふさわしいイラストを選ぶ問題です。あらかじめ答えのイラストの特徴や違いに目を通しておくとともに、放送を聞きながら重要な事柄をメモするようにしましょう。

例題
CD1-20

由利とマイクの対話を聞いた後に、その内容について1番から4番までの質問に答える問題です。1番から3番は、質問の答えとして最も当てはまる絵を、ア、イ、ウ、エの中から1つ選び、記号で答えなさい。4番は、質問の答えとなるように、（　　）内に入る最も適切なものをア、イ、ウ、エの中から1つ選び、記号で答えなさい。英語による対話及び質問は、2回繰り返します。　(2回)

※この指示文は実際の入試では放送で行われます。　　　　〈宮崎県〉

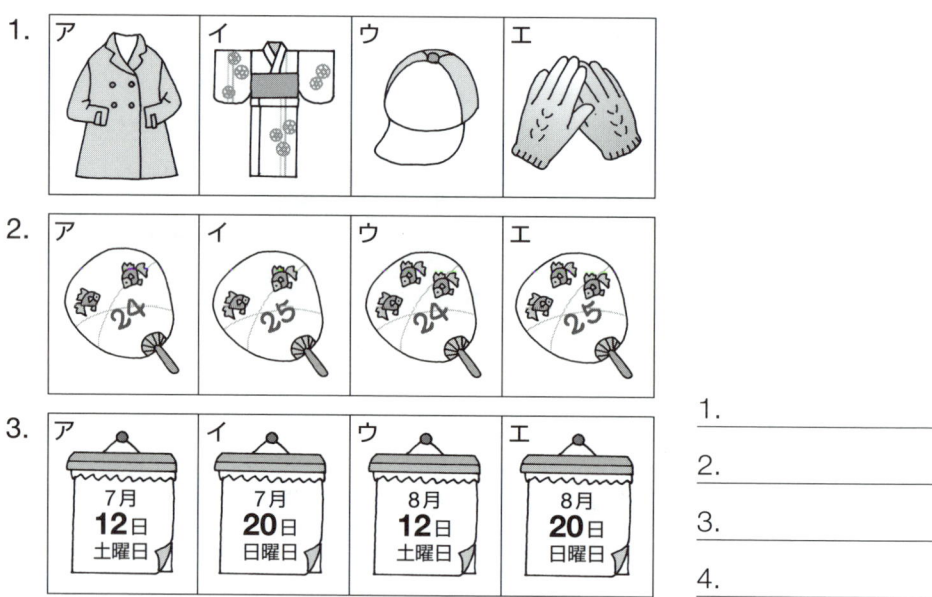

4. Many uchiwas (　　) on the street after it every year.
   ア．are given　　イ．leave　　ウ．are left　　エ．given

1. ＿＿＿＿
2. ＿＿＿＿
3. ＿＿＿＿
4. ＿＿＿＿

放送文	放送文の日本語訳
Yuri: Hi, Mike. **Mike:** Hi, Yuri. You look nice in a Kimono. **Yuri:** Thank you, this is called a Yukata in Japanese. I always wear this when I go to Natsu Matsuri. **Mike:** Natsu Matsuri? **Yuri:** Yes, summer festival. Would you like to join us? **Mike:** That sounds good. I'm going home, but I can join you. By the way, many people have something in their hands like you. What is it?	**Yuri:** こんにちは、マイク。 **Mike:** やあ、由利。着物が似合うね。 **Yuri:** ありがとう。これは日本で問1浴衣って言うの。夏祭りに行くときはいつも着るの。 **Mike:** 夏祭り？ **Yuri:** ええ。夏のお祭り。いっしょに来ない？ **Mike:** いいね。家に帰るところだけど、いっしょに行くよ。ところで、多くの人があなたみたいに手に何か持ってるね。それは何？

Yuri: It's called an uchiwa in Japanese. An uchiwa is good for keeping us cool on a hot day. I have two uchiwas. I'll give you one.
Mike: Oh, thank you. Look, there are three little fish on this uchiwa. They are very cute, aren't they? Yuri, what is this number on my uchiwa?
Yuri: Your number is 24. Mine is 25. The newspaper will say the lucky number next Sunday, August 20th. If your number is the lucky number, you will get a present. So please keep your uchiwa until next Sunday.
Mike: That's interesting. I will keep this.
Yuri: Well, Mike, there is a big problem after this Natsu Matsuri every year. Many people leave their uchiwas on the street. But this time I'm sure a lot of people will take them back to their homes.
Mike: Oh, that's a good idea, isn't it?
Yuri: Yes, I think so, too.
1番：Question: What is Yuri wearing?
2番：Question: Which is Mike's uchiwa?
3番：Question: When will the newspaper say the lucky number?
4番：Question: What is the problem after the Natsu Matsuri every year?

Yuri: これは日本語では団扇というの。暑い日に涼しくするのにいいのよ。2つあるから，ひとつあげるわ。
Mike: ああ。ありがとう。見て，この団扇には問2 3匹の小さな魚がいる。かわいいね。由利，この団扇にある番号は何？
Yuri: 問2 あなたのは24で私は25。今度の問3 日曜日8月20日に新聞でラッキーナンバーが発表になるわ。もしあなたの番号がラッキーナンバーならプレゼントがもらえるの。だから日曜日まで団扇を持っててね。
Mike: おもしろいね。持っておくよ。
Yuri: ねえ，マイク。毎年この夏祭りの後には大きな問題があるの。問4 多くの人が団扇を通りにおいていくの。でも今年はみんな持って帰ると思うわ。
Mike: それはいい考えだね。
Yuri: ええ，私もそう思う。
1番：由利は何を着ていますか。
2番：マイクの団扇はどれですか。
3番：新聞がラッキーナンバーを発表するのはいつですか。
4番：毎年夏祭りの後の問題とは何ですか。

こう解く！

1番：マイクは着物と言っているが，由利が浴衣というのだと教えていることから，ユリが着ているのは浴衣で，**イ**が正しい。

2番：マイクが由利にもらった団扇は，3匹の魚と24という数字が書かれているものなので，**ウ**が正解。

3番：新聞では8月20日の日曜日にラッキーナンバーが発表になると言っているので，**エ**が正しい。

4番：下線部から多くの人が通りに団扇をおいていくことが毎年大きな問題と言っている。放送文ではmany people が主語なのでleaveと能動態で言われているが，質問文ではmany uchiwasが主語なので，are leftと受動態で答えるとよい。

● **この発音に注意！**

それぞれの問いに対する答えを出すキーワードの聞き取りに注意する。Yukata「ユカタ」, three little fish, 24, next Sunday, August 20th, Many people leave their uchiwas on the street.「オンダストゥリー（トゥ）」

● **単語と文法をチェック！**

by the way「ところで」　keep + 人 + cool「人を涼しくする，しておく」　cute「かわいい」　until「～まで」　take ~ back「～を持って帰る」

解答 1番 **イ**　2番 **ウ**　3番 **エ**　4番 **ウ**

練習問題は次のページにあります ➡

練習問題

☞ 解答と解説は別冊P.6

基礎

CD1-21

　これは健（Ken）と，健の家にホームステイしているデミとの対話を聞いて答える問題です。質問はNo.1からNo.5まで5つあります。2人の対話が放送されたあとに，クエスチョンと言って質問をします。その質問の答えとして正しいものを，ア，イ，ウ，エの中から1つずつ選びなさい。対話，クエスチョンの順に2回くり返します。（2回）

※この指示文は実際の入試では放送で行われます。

〈福島県〉

No.1　ア Demi's sister　イ Demi's brother　ウ Ken's father　エ Ken's mother

No.2　ア （かばん）　イ （本）　ウ （靴）　エ （セーター）

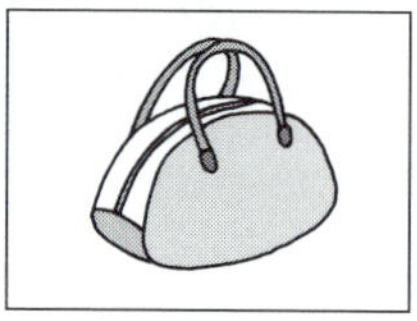

No.3　ア （湯のみ）　イ （箸）　ウ （扇子）　エ （はっぴ）

No.4　ア （自転車）　イ （車）　ウ （電車）　エ （バス）

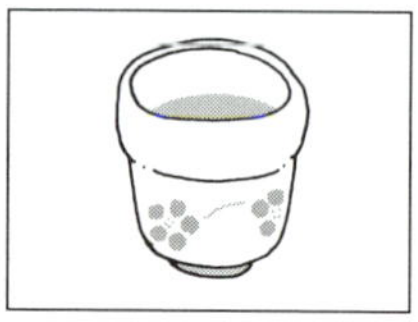

No.5　ア （9:30）　イ （12:00）　ウ （8:30）　エ （12:00）

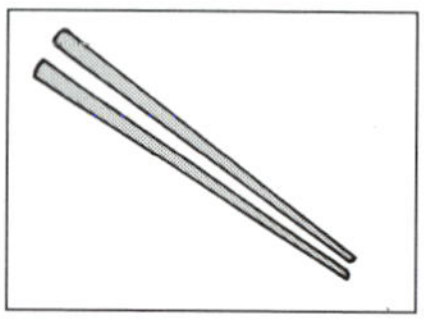

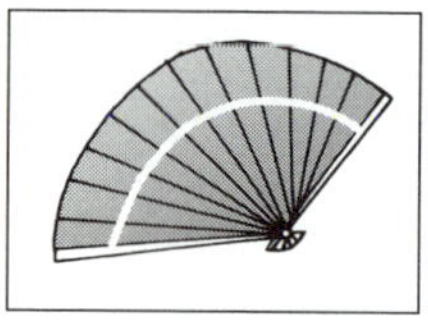

No.1 _____　No.2 _____　No.3 _____

No.4 _____　No.5 _____

応用

CD1-22

最初に、健と留学中のジュディの会話文を読みます。続いて、会話についての問いを読みます。問いは(1)から(5)までの5つあります。問いの(1)から(3)までについては、それぞれの問いに対する答え、a, b, c, dも読みます。問いの(4)と(5)については、問いのみを読みます。このあと、もう一度、会話文を読みます。続いて、問いの(1)から(3)までとそれぞれの問いに対する答え、問いの(4)と(5)を読みます。必要があればメモをとってもよろしい。

問いの(1)から(3)までについては、正しいものは解答欄の「正」の文字を、誤っているものは解答欄の「誤」の文字をそれぞれ○（まる）でかこみなさい。問いの(4)と(5)については、答えとして正しいものをaからdまでの中から選んで、それぞれ解答欄の符号を○（まる）でかこみなさい。正しいものは、各問いについて1つしかありません。（2回）

〈愛知県〉

(1)				(2)				(3)				(4)				(5)			
a.	b.	c.	d.	a.	b.	c.	d.	a.	b.	c.	d.	a.	b.	c.	d.	a.	b.	c.	d.
正	正	正	正	正	正	正	正	正	正	正	正								
誤	誤	誤	誤	誤	誤	誤	誤	誤	誤	誤	誤								

(4)

(5)

	Let's Clean!				
	Mon	Tue	Wed	Thu	Fri
Cleaning Time	After School	After Lunch	After School		After School

a. After School b. Before Lunch
c. After Lunch d. No Cleaning

2 会話の応答文を選ぶ問題

1. 買い物での会話

傾向と攻略ポイント

会話の最後の応答を選ぶ形式の問題です。 会話のつじつまが合うような，論理的な展開となるための受け答えを考えましょう。初めは買い物に関する会話から練習します。

例題　この問題は，A，B2人の対話が成り立つように，適切な受け答えを選ぶ問題です。（　　）に，最もよく当てはまる受け答えを，ア，イ，ウ，エの中から1つ選んで，その記号を書きなさい。（2回）

〈茨城県〉

CD1-23

A:
B:
A:
B:（　　）

ア．No, I want two bags.
イ．It's too small.
ウ．Here you are.
エ．OK. I'll show you.

放送文

A: Excuse me. May I help you?
B: Yes, I'm looking for a bag.
A: How about this one?
B:（　　）

放送文の日本語訳

A: いらっしゃいませ。
B: ええと，カバンを探しています。
A: こちらはいかがですか。

　ア．いいえ，カバンが2つほしいです。
　イ．小さすぎますね。
　ウ．はいどうぞ。
　エ．わかりました。お見せしましょう。

こう解く!

　カバンを買おうとしている会話。「こちらはいかがですか」といわれたら、その品物に対する感想を答えるべきであろう。だから、「小さすぎる」という**イ**が正解。

●**この発音に注意!**

　bag [bǽg] は「バッグ」というよりも「バーグ」に聞こえる。How about「ハゥアバウ（トゥ）」に注意。

●**単語と文法をチェック!**

　May I help you?「いらっしゃいませ」　look for ～「～を探す」　How about ～?「～はどうですか」　too ～「～すぎる」

　　　　　　　　　　　　　　　　　　　　　　　　　　　　　　　　　　解答　**イ**

練習問題

☞解答と解説は別冊P.9

基礎　対話を聞いて、対話の最後の表現に対して相手が答える表現を選ぶ問題です。相手が答える表現として最も適当なものを、ア、イ、ウ、エの中から1つ選び符号で答えなさい。相手が答える箇所ではチャイムが鳴ります。対話は2回繰り返します。

（2回）※この指示文は実際の入試では放送で行われます。　　〈宮崎県〉

ア．You are welcome.

イ．Thanks, I'll take it.

ウ．Would you like to go.

エ．How are you?

応用　対話の英文を聞いて答える問題です。対話の最後の文に対する応答として最も適切なものをア、イ、ウ、エの中から1つ選び、その記号を書きなさい。対話の英文は2度読まれます。なお、ア～エの答えの英文は読まれません。（2回）　〈沖縄県〉

ア．She likes a small one.

イ．She likes a big one.

ウ．She likes a blue one.

エ．She likes a long one.

2. レストランでの会話

傾向と攻略ポイント

レストランでの会話です。**ファーストフード店の会話などは，マニュアル化され，日本語も英語も同じような内容**なので，普段からどのようなことがたずねられるか気にかけておくことも役立ちます。

例題 この問題は，A，B2人の対話が成り立つように，適切な受け答えを選ぶ問題です。（　　）に，最もよく当てはまる受け答えを，ア，イ，ウ，エの中から1つ選んで，その記号を書きなさい。（2回）　　〈茨城県〉

CD1-26

A:
B:
A: (　　　)

ア．OK. You're welcome.
イ．OK. Of course.
ウ．OK. I'll sell it.
エ．OK. I'll have it.

放送文

A: How much is a hamburger?
B: It's two hundred yen.
A: (　　)

放送文の日本語訳

A: ハンバーガーはいくらですか。
B: 200円です

ア．わかりました。どういたしまして。
イ．わかりました。もちろんです。
ウ．わかりました。売りましょう。
エ．わかりました。ひとつください。

こう解く!

ハンバーガーの値段をたずね，200円ですと言われたので，それに対する応答としては，エのように「ひとつください」というであろう。それ以外は論理的に会話が成り立たないこともわかるであろう。

● **この発音に注意!**

hámburger のアクセントは，第1音節で日本語の「ハンバーガー」と異なるので注意。

● **単語と文法をチェック!**

hundred「百」 of course「もちろん」 I'll have it.「それをください」 have には（食事などを）取る，（ものを）食べる，（飲み物の）飲むなどの意味もある。

解 答　エ

練習問題

☞解答と解説は別冊P.10

基礎

2人の会話を聞いて，それぞれの会話の最後の文に対する応答として最も適切なものを，ア，イ，ウ，エから1つ選んで記号を書きなさい。会話は2回ずつ言います。

（2回）　※この指示文は実際の入試では放送で行われます。　〈秋田県〉

CD1-27

ア．Would you like anything to drink?

イ．Do you want two hamburgers?

ウ．How many hamburgers do you want?

エ．Where are you going to drink?

応用

対話を聞いて，対話の最後の表現に対して相手が答える表現を選ぶ問題です。相手が答える表現として最も適当なものを，ア，イ，ウ，エの中から1つ選び符号で答えなさい。相手が答える箇所ではチャイムが鳴ります。対話は2回繰り返します。

（2回）　〈宮崎県〉

CD1-28

ア．OK. Here you are.

イ．This is your change.

ウ．How much are they?

エ．This salad is so good.

3. 電話での会話

傾向と攻略ポイント

電話での会話の応答を選ぶ問題です。Hello.「もしもし」ばかりでなく，be out「外出中，不在」，May I take your message?「伝言を預かりましょうか」，call back later「あとで（電話を）かけ返す」など**独特の表現があるので覚えておこう。**

例題 これから，Maryと父親との対話を放送します。対話では，Maryの発言の一部がチャイムの音で消されています。対話の流れに合うように，このチャイムの部分に入る表現として最もふさわしいものを，下のア〜エの中から1つ選び，その記号を書きなさい。（2回） 〈鹿児島県〉

CD1-29

ア．thank you for calling.
イ．Father is calling.
ウ．you have the wrong number.
エ．I'll call back later.

放送文

Mary: Hello.
Father: Oh, Mary? Is Mother there?
Mary: Yes, Father. Just a minute. Mother,
　（チャイムの音）

放送文の日本語訳

メアリー：もしもし。
父：ああ，メアリーかい？お母さんいるかな。
メアリー：ええ。お父さん。ちょっと待って。お母さん？
　ア．電話してくれて，ありがとう。
　イ．お父さんから電話。
　ウ．番号が違います。
　エ．あとで電話します。

こう解く！

お父さんが家へ電話をしたら娘がでた。お母さんを呼んで欲しいと言っているので、娘は、お母さんに「お父さんから電話だよ」という**イ**が正しい応答となる。

● **この発音に注意！**

just a minute「ジャスッタミニッ（トゥ）」となる連結に注意。

● **単語と文法をチェック！**

hello「もしもし」　Is ～ there?「～さんいますか」　just a minute「ちょっとお待ちください」　you have the wrong number「番号が違います」

解答　イ

練習問題

☞解答と解説は別冊P.11

基礎　会話のチャイムのところに入る最も適当な表現はどれか、ア〜エから1つ選べ。（2回）　〈京都府〉

CD1-30

ア．At five o'clock.
イ．An hour ago.
ウ．No, thank you.
エ．You have the wrong number.

応用　男性と女性が話をしています。まず、男性が話し、次に女性が話し、続いて男性が話します。その次に女性が話すかわりにチャイムが鳴ります。そのチャイムのところに入る女性の言葉として、最も適するものを、あとで読むone, two, three, fourの4つの選択肢の中から1つ選び、その番号を書きなさい。対話と選択肢は1回読みます。（1回）

※この指示文は実際の入試では放送で行われます。　〈神奈川県立小田原高校〉

CD1-31

4. 予定についての会話

傾向と攻略ポイント

「いっしょに出かけよう」など，**どこかへ出かけるように誘う会話や予定をたずねる会話を聞く練習**です。曜日，時間，待ち合わせ場所なども出てきますが，ここでは問いと関係ないので，あまり気にせず，自然な会話の流れを考えましょう。

例題 会話の最後の問いかけに対する答えとして最も適切なものを，それぞれア〜ウのうちから1つ選び，その記号を書きなさい。なお，会話は2回ずつ行います。（2回）

〈奈良県〉

CD1-32

ア．You're welcome.
イ．That's fine.
ウ．Excuse me.

放送文	放送文の日本語訳
Cathy: Would you like to go to the movies with me next Sunday? **Toshio:** Sure. Where shall we meet? **Cathy:** Let's meet at the station at one o'clock. Is that OK?	キャシー：今度の日曜日にいっしょに映画を見に行かない。 トシオ：いいね。どこで待ち合わせようか。 キャシー：駅で1時に待ち合わせましょう。それでいいですか。 ア．どういたしまして。 イ．いいですよ。 ウ．すみません。

> こう解く！

今度の日曜日にいっしょに映画を見に行かないか誘っている会話。「駅で1時に待ち合わせよう。いいですか」と言われたら「いいですよ」と答える**イ**が正しい応答であろう。

● **この発音に注意！**
Would you like「ウッジュライ（ク）」, one o'clock「ワンノクロ（ック）」となる連結と[k]の脱落に注意。

● **単語と文法をチェック！**
would you like to ～?「～しませんか」 sure = yes「いいです」

解答　イ

練習問題

☞解答と解説は別冊P.12

基礎 対話の最後の文に続けて言う英文として，最も適当なのは，ア～エのうちではどれですか。（2回）　〈岡山県〉

CD1-33

ア．Yes. TV says so.
イ．OK. I agree.
ウ．Oh, that's a good idea.
エ．No. I can't hear you.

応用 PeterとYukariの2人の会話を聞いて，それぞれの会話の最後に鳴るチャイムの部分に入る文として最も適切なものを，ア～エの中から1つ選び，その記号を書きなさい。（2回）　〈埼玉県〉

CD1-34

ア．Sure.
イ．I don't like soccer.
ウ．I have to help my mother.
エ．You have to go.

5. 何をしたかを聞く会話

傾向と攻略ポイント

週末や休みに何をしたか，旅行やコンサートなどへ行った感想をたずねる会話の練習です。論理的な会話が完成するように内容から正しい応答を推測できるようにしましょう。

例題

これから，SayakaとALTのDavis先生との対話を放送します。それぞれの対話では，Davis先生の発言の一部がチャイムの音で消されています。対話の流れに合うように，このチャイムの部分に入る表現として最もふさわしいものを，ア〜エの中から1つ選びなさい。（2回）　　　　　　　　　　　　　　　　〈鹿児島県〉

CD1-35

ア．That's too bad.
イ．Nice to meet you.
ウ．You're welcome.
エ．That's a good idea.

放送文

Mr. Davis: Hi, Sayaka! How was your weekend?
Sayaka: I was sick in bed.
Mr. Davis: (チャイムの音) Are you OK now?

放送文の日本語訳

デイヴィス先生：こんにちは，サヤカ。週末はどうでしたか。
サヤカ：病気で寝てました。
デイヴィス先生：（　　　）もう大丈夫ですか。
　ア．それはお気の毒に。
　イ．お会いできてよかったです。
　ウ．どういたしまして。
　エ．それはいい考えですね。

こう解く！

先生が「週末はどうだったか」とたずねたのに対し，サヤカは，「病気で寝ていた」と答えているので，それに対する応答は**ア**の「お気の毒に」となるのが論理的である。

●**この発音に注意！**

I was sick in bed.「アイワズスィッキンベッ（ドゥ）」となるキーワードに注意。

●**単語と文法をチェック！**

be sick in bed「病気で寝ている」　too bad「ひどすぎる」→「お気の毒に」

解答　**ア**

練習問題

☞解答と解説は別冊P.13

基礎　会話の最後の言葉に対する受け答えとして最も適切なものをア，イ，ウ，エの中から1つ選んで，その記号を書きなさい。（2回）

※この指示文は実際の入試では放送で行われます。　　　　　　　　　　〈佐賀県〉

CD1-36

ア．Yes, at 3:00 in the afternoon.

イ．Yes, I like music very much.

ウ．Yes, about five hundred.

エ．Yes, it was sunny.

応用　対話の最後の文に続けて言う英文として，最も適当なのは，ア～エのうちではどれですか。（2回）　　　　　　　　　　〈岡山県〉

CD1-37

ア．That was a great present for her.

イ．That's right. I'll clean my house.

ウ．Then I will help you next Sunday.

エ．I went shopping with my parents.

6. 旅行についての会話

傾向と攻略ポイント

旅行やコンサートなどへ行った感想をたずねる会話の練習です。 論理的な会話が完成するように内容から正しい応答を推測できるようにしましょう。

例題

CD1-38

JackとMegが話をしています。まずJackが話し，次にMegが話します。その次にJackが話す言葉のかわりにチャイムが鳴ります。そのチャイムのところに入るJackの言葉として最も適するものを，それぞれ1〜4の中から1つ選び，その番号を書きなさい。対話は2回放送します。（2回）　　〈神奈川県〉

1. We went there in summer.
2. We visited a lot of famous places.
3. Because we like Okinawa.
4. We'll go there again.

放送文

Jack: Last summer, I went to Okinawa with my family.
Meg: Great! What did you do there?
Jack: （チャイム）

放送文の日本語訳

ジャック：去年の夏，家族と沖縄へ行ったんだ。
メグ：すてきね。そこで何をしたの。

1. 夏に行ったんだ。
2. いろいろな有名な場所に行ったんだ。
3. 沖縄が好きだから。
4. またそこへ行くよ。

こう解く！

ジャックは去年の夏に家族といっしょに沖縄へ行ったと言っています。メグがそこで何をしたかたずねているので，「いろいろ有名な場所を訪れた」というのが論理的な応答となります。

●**この発音に注意！**
last 語尾の [t] が脱落。did you do「ディッジュドゥ」となるのに注意。

●**単語と文法をチェック！**
a lot of ～「たくさんの～，いろいろな～」　famous「有名な」

解答　2

練習問題

☞解答と解説は別冊 P.13

基礎　放送される英文を聞いて，適切な英文を選ぶ問題です。対話の最後の発言に対して応答するところで，次の音を鳴らします。〈音〉この音のところで話される言葉としてふさわしいものをア，イ，ウ，エの中から1つ選びなさい。対話は2回繰り返されます。（2回）

※この指示文は実際の入試では放送で行われます。〈高知県〉

CD1-39

ア．Sunny and warm.
イ．By train.
ウ．Two hours.
エ．With my friends.

応用　会話を聞いて，このあとどう応答しますか。それぞれの会話の流れから判断して，空所に入る表現として最も適当なものを，次のア〜エから1つ選び，記号で答えなさい。（2回）〈鳥取県〉

CD1-40

ア．I'm glad to see you.
イ．I want to talk with you.
ウ．Please show them to me later.
エ．Will you come to my house?

3 会話文の質問に答える問題

1. 計算が必要な問題

傾向と攻略ポイント

会話の中で計算を必要とするような内容が出てくる問題の練習です。計算は単なる数字ばかりでなく，曜日や時間などもありますから，計算方法などにも気をつけましょう。数字や曜日，日付など計算の元となるものは必ずメモをしながら聞きましょう。

例題 対話を聞いて，問いの答えとして最もふさわしいものを1〜4の中から1つ選び，番号で答えなさい。（2回） 〈山口県〉

CD1-41

1. 3 days.
2. 4 days.
3. 5 days.
4. 6 days.

放送文	放送文の日本語訳
A: When is your trip to Tokyo, Yumi? **B:** From Monday to Wednesday. **A:** Have a nice trip Question: How long is Yumi's trip to Tokyo?	**A:** 東京への旅行はいつですか，ユミ？ **B:** 月曜日から水曜日です。 **A:** 楽しんできてね。 問：ユミの東京への旅行はどのくらいの期間ですか。

> こう解く！

東京までの旅行期間をたずねている会話。ユミが東京へ行くのは，月曜日から水曜日ということは3日間なので，**1**が正解。

● **この発音に注意！**

Monday「月曜日」[mʌ́ndei]　Wednesday「水曜日」[wénzdei]とアクセントが第1音節にある。trip「トゥリップ」に注意。

● **単語と文法をチェック！**

Have a nice trip.「よい旅行を（楽しんできての意）」

解答　**1**

練習問題

☞解答と解説は別冊P.14

基礎

これから英語で対話を行い，それについての質問をします。質問に対する答えとして最も適当なものを，ア～エから1つ選び，その符号を書きなさい。（2回）

〈新潟県〉

CD1-42

ア．One.
イ．Two.
ウ．Three.
エ．Five.

応用

ジムと陽子の対話を聞いて答える問題です。対話のあとで，その内容について英語で質問します。質問に対する答えとして，最も適当なものをア，イ，ウ，エから1つ選び，記号で答えなさい。（2回）

※この指示文は実際の入試では放送で行われます。

〈熊本県〉

CD1-43

She practices it （ア．three　イ．seven　ウ．eight　エ．fourteen ） hours in a week.

2. 場所・場面を答える問題

傾向と攻略ポイント

放送を聞き，**会話が行われている場所や場面を答える問題です**。キーワードやその場所特有の会話表現などをヒントにどのような場面か想像して答えましょう。

例題

これから対話を放送します。対話のあとで，その対話について質問します。その質問に対して最も適切な答えを，ア，イ，ウ，エの中から選んで，その記号を書きなさい。（2回）　　　　　　　　　　　　　　　　　　　　　　　〈茨城県〉

CD1-44

ア．At the bus stop.
イ．On the bus.
ウ．At the station.
エ．On the train.

放送文	放送文の日本語訳
A: Excuse me. Will we stop at Aoba Town? B: Yes. We'll be there soon. A: Oh, I'll get off there and take another train. Please sit in my seat. B: Thank you. Question: Where are the two people?	A: すみません。青葉町に止まりますか。 B: はい。もうじきですよ。 A: あ，私はそこでおりて<u>別の電車に乗り</u>ますから，この<u>席にお座りください</u>。 B: ありがとう。 問：この2人はどこにいますか。

こう解く！

青葉町で another train「別の電車」に乗り換えると言っているので，今も電車に乗っていることがわかる。

● **この発音に注意！**

stop, at, seat の語尾の [p] [t] の脱落，Will we「ウィルウィ」，get off「ゲッロフ」の連結に注意。

● **単語と文法をチェック！**

soon「まもなく」　get off「(電車から)降りる」　sit in my seat「私の席に座る」

解答　エ

練習問題

☞解答と解説は別冊 P.15

基礎

会話を聞いて，会話のあとの質問に対して最も適当な答えをアからエの中から1つ選び，記号で答えなさい。会話は2回繰り返します。(2回)

※この指示文は実際の入試では放送で行われます。　　〈滋賀県〉

CD1-45

ア．In a bank.

イ．In a hospital.

ウ．In a restaurant.

エ．In a sports shop.

応用

2人の会話を聞いて，そのあとの質問に答える問題です。それぞれの会話のあとに読まれる質問について，最も適当な答えを，ア，イ，ウ，エの中から1つ選び，記号で答えなさい。放送は2回くり返します。(2回)　　〈島根県〉

CD1-46

ア．In a restaurant.

イ．In a gas station.

ウ．In a bank.

エ．In a library.

3. 理由を聞きとる問題

傾向と攻略ポイント

質問がすべて"why"「なぜ」という内容になっています。**会話の中で述べられている理由を聞き取り答える問題です。**キーワードを聞き逃さないように，集中して聞きましょう。

例題

放送される対話を聞いて，問いに答える問題です。その問いに対する答えとしてふさわしいものをア，イ，ウ，エの中から1つ選んで，記号で書いてください。対話は2回繰り返されます。(2回)

※この指示文は実際の入試では放送で行われます。

〈高知県〉

CD1-47

Benはなぜ今日忙しいのですか。

ア．母親といっしょに夕方外出するので。
イ．遠足のための買い物に行くので。
ウ．放課後に弁論大会の準備をするので。
エ．家族のための夕食を作るので。

放送文	放送文の日本語訳
A: Today I'm very busy, Lisa. I have to go home soon after school. B: Why, Ben? A: I have to make dinner for my family because my mother will not be at home this evening.	A: 今日，僕は忙しいんだ，リサ。学校が終わったらすぐに家へ帰らないと。 B: どうして，ベン？ A: 家族のために夕飯を作らないと。今晩はお母さんがいないから。

こう解く！

ベンは，今晩お母さんがいないので，代わりに家族のために夕食を作らないといけないと言っているので，正解は**エ**である。

●**この発音に注意！**

have to は「ハヴ」ではなく同化により「ハフトゥ」となる。will not be at home「ウィルナッ（ト）ビーアッ（トゥ）ホーム」。

●**単語と文法をチェック！**

go home「家に帰る」 soon after school「学校のあとすぐ」 make dinner「夕食を作る」

解答　エ

練習問題

☞解答と解説は別冊P.16

基礎

CD1-48

これから会話とそれに関する質問を読みます。その答えとして最も適するものをア，イ，ウの中から1つ選んで，その記号を書き入れなさい。英文と質問は2回読みます。（2回）

※この指示文は実際の入試では放送で行われます。　　　　　　　　　　　　　〈長崎県〉

ア．今すぐ宿題をしなければならないから。

イ．ケンに仕事をたのまれたから。

ウ．今は田中先生が忙しそうだから。　　　　　　　　　　　　　　　＿＿＿＿＿

応用

CD1-49

放送される対話を聞いて，問いに答える問題です。問いに対する答えとしてふさわしいものをア，イ，ウ，エの中から1つ選んで，記号で書いてください。対話または英文は，それぞれ2回放送されます。（2回）

※この指示文は実際の入試では放送で行われます。　　　　　　　　　　　　　〈高知県〉

Davidの母親が家に戻るのはなぜですか。

ア．見たいテレビ番組があるので。

イ．家の鍵を閉め忘れたので。

ウ．買った本を置きに行くので。

エ．バッグを取りに行くので。　　　　　　　　　　　　　　　　　　＿＿＿＿＿

4. 休暇についての会話

傾向と攻略ポイント

休みに何をしたかについて話しをしているやや長めの会話を聞いて，質問に答える問題です。「誰が，誰といっしょに，いつ，どこへ行った」などポイントなる事柄をメモしながら聞きましょう。

例題 健二（Kenji）とジェーン（Jane）の対話とその内容についての質問を2回放送します。質問に対する答えとして適切なものを，A〜Cの中から1つ選び，その記号を書きなさい。（2回） 〈和歌山県〉

CD1-50

A: Kenji and Jane.
B: Kenji and his father.
C: Kenji and his sister.

放送文

Kenji: How was your winter vacation, Jane?
Jane: It was good. I went to Nara. I stayed there for three days and had a good time. How about you, Kenji?
Kenji: I went to Tokyo with my sister to see my father. He lives there now. We visited many famous places.
Jane: I've never been to Tokyo! Next summer I want to go there.
Question: Who went to Tokyo during the winter vacation?

放送文の日本語訳

健二：冬休みはどうだった，ジェーン？
ジェーン：よかったわ。奈良へ行ったの。3日間泊まって，楽しかった。あなたは，健二？
健二：僕は妹とお父さんに会いに東京へ行った。今お父さんは東京に住んでいるんだ。いろいろな有名なところへ行った。
ジェーン：私は東京へ行ったことがないわ。今度の夏には行きたいわ。
問：冬休みに東京へ行ったのは誰ですか。

A. 健二とジェーン。
B. 健二とお父さん。
C. 健二と妹。

こう解く！

冬休み中にジェーンは奈良へ行った。健二は妹とお父さんに会いに東京へ行ったといっているので，**C**の健二と妹が正解となる。

● **この発音に注意！**

How was「ハゥワズ」I went to「アイウエントゥ」などの連結に注意。

● **単語と文法をチェック！**

How was ～?「～はどうだった」 have a good time「楽しい時を過ごす」 I have never been to ～「～へは行ったことがない」(現在完了形－経験)

解答 C

練習問題

☞解答と解説は別冊P.17

基礎

CD1-51

男性のBobと女性のJaneの対話と，その内容についての質問を放送します。その質問に最も適する答えを1～4の中から1つ選び，その番号を書きなさい。対話と質問は2回ずつ放送されます。（2回）

※この指示文は実際の入試では放送で行われます。　　　　　　　　　　〈神奈川県〉

1. The first time.
2. The second time.
3. Three times.
4. Four times.

応用

CD1-52

ローラさんと和男君の対話を聞いて，質問に答える問題です。問題は，ア，イ，ウの3つあります。はじめに，対話を2回繰り返します。次に，質問を2回繰り返します。質問の答えとして最も適切なものを，1, 2, 3, 4の中から1つ選んで，その番号を書きなさい。（2回）★この問題はＣＤに2回分吹き込まれています。

※この指示文は実際の入試では放送で行われます。　　　　　　　　　　〈青森県〉

ア． 1. One.　　　2. Two.　　　3. Three.　　　4. Four.

イ． 1. At 10:20.　2. At 10:40.　3. At 11:00.　4. At 11:20.

ウ． 1. Because the bus was very late.
　　 2. Because they didn't take a bus.
　　 3. Because the bus took a long time.
　　 4. Because they took the wrong bus.

ア．_____

イ．_____

ウ．_____

5. 学校生活に関する会話

傾向と攻略ポイント

学校生活に関する少し長めの会話を聞き，質問に答える練習です。Englishだけでなく，数学，理科，社会など科目名や文化祭，体育祭などの行事を英語で何というか，確認しながら練習しましょう。

例 題　次のア～エの中から適するものを1つ選びなさい。（2回）　〈東京都〉

CD1-53

ア．Tuesday.
イ．Wednesday.
ウ．Thursday.
エ．Friday.

放送文

Jane: How many English classes do you have each week, Akira?
Akira: We have three, Jane. On Monday, Wednesday, and Thursday.
Jane: How about science classes?
Akira: Three classes each week.
Jane: What days do you have them?
Akira: Tuesday, Thursday, and Friday.
Question: What day does Akira have both English class and science class?

放送文の日本語訳

ジェーン：週に何回英語の授業があるの，アキラ？
アキラ：3回だよ，ジェーン。月曜日，水曜日と木曜日。
ジェーン：理科の授業は何回？
アキラ：週3回。
ジェーン：何曜日にあるの？
アキラ：火曜日，木曜日，金曜日。
問：何曜日にアキラは英語と理科の両方のクラスがありますか。

ア．火曜日。
イ．水曜日。
ウ．木曜日。
エ．金曜日。

こう解く！

　アキラが英語の授業があるのは，月，水，木で，理科は火，木，金である。英語と理科が両方あるのは，木曜日ということなので，正解は**ウ**である。

●**この発音に注意！**
　How about「ハゥアバゥ(トゥ)」，have them「ハヴデム」などの脱落や同化に注意する。

●**単語と文法をチェック！**
　How many「いくつ」　each week「各週」　how about ~「~はどうですか」　What days「何曜日に」

解答　ウ

練習問題

☞ 解答と解説は別冊 P.18

基礎

CD1-54

英語の対話とその内容についての質問を聞いて、それぞれの質問の答えとして、最も適切なものをア、イ、ウ、エのうちから1つ選びなさい。質問①、②の2つあります。対話と質問は2回ずつ言います。（2回）

※この指示文は実際の入試では放送で行われます。

〈栃木県〉

① ア．He sang and played the piano.
　イ．He played the piano with Sachiko.
　ウ．He sang some songs.
　エ．He sang some songs with his parents.

② ア．Next Sunday.
　イ．At home.
　ウ．Today.
　エ．At school.

①　_____
②　_____

応用

CD1-55

これから、YumiとりゅうがくせいのPeterの2人の対話を放送します。そのあとで、その内容についてQuestion No.1からQuestion No.3まで、3つの質問をします。それぞれの質問に対して最も適切な答えを、ア、イ、ウ、エの中から1つ選んで、その記号を書きなさい。（2回）

〈茨城県〉

No.1　ア．Yes, he is.
　　　イ．Yes, he does.
　　　ウ．No, he isn't.
　　　エ．No, he doesn't.

No.2　ア．To talk to Mr. Kato.
　　　イ．To clean her classroom.
　　　ウ．To eat lunch there.
　　　エ．To teach Japanese there.

No.3　ア．He is going to study Japanese with Yumi.
　　　イ．He is going to eat lunch with Yumi.
　　　ウ．He is going to clean the school with Yumi.
　　　エ．He is going to help Yumi with her English.

No.1　_____
No.2　_____
No.3　_____

6. 旅行に関する会話 ①

傾向と攻略ポイント

旅行に関係したやや長めの会話を聞いて，英語の質問に対して日本語で答える形式の問題です。 時間，行き先，交通手段，予定などポイントとなることがらをきちんとメモしながら聞き取るようにしましょう。

例題

今から対話をします。その内容をよく聞いて，対話文のあとに読まれる質問の答えとして最も適当と思われるものを，アからウまでの中から1つ選び，その記号を記入しなさい。対話と質問は2回繰り返します。（2回）

※この指示文は実際の入試では放送で行われます。 〈福井県〉

CD1-56

ア．10時45分

イ．11時15分

ウ．11時45分

放送文	放送文の日本語訳
Man: What's the matter with you? **Woman:** I want to go to Shinjuku, but the 10:15 bus has just left. How often do the busses come? **Man:** They come every thirty minutes. **Woman:** How long does it take from here to Shinjuku? **Man:** Well, about one hour. **Woman:** Thank you. **Man:** You're welcome. **Question:** When will the next bus leave here?	男：どうなさいましたか？ 女：新宿へ行きたいのですが，<u>10時15分</u>のバスがたった今出てしまって。バスはどのくらいの間隔できますか。 男：<u>30分毎</u>に来ますよ。 女：ここから新宿までのどのくらい時間がかかりますか。 男：そうですね，約1時間です。 女：ありがとうございます。 男：どういたしまして。 問：次のバスは何時に出発しますか。

こう解く!

10時15分発のバスがたった今出発してしまって，バスは30分毎に来るということは，次のバスは45分発ということになるので，**ア**が正解。

● **この発音に注意!**

What's the matter では，[t]が[l]のようになり，「マッラー」と聞こえる。10：15は，「テン・フィフティーン」と発音する。

● **単語と文法をチェック!**

What is the matter with you?「どうなさいましたか」 has just left「たった今でたところ」 How often「どのくらい頻繁に〜ですか」 every 〜「〜ごと，おき」 How long does it take 〜?「どのくらいの時間がかかるか」

解答　ア

練習問題

解答と解説は別冊P.20

基礎

今から対話をします。その内容を聞いて，対話文のあとに読まれる質問の答えとして最も適当と思われるものを，アからウまでの中から1つ選び，その記号を記入しなさい。対話と質問は2回繰り返します。（2回）　〈福井県〉

CD1-57

ア．3日間

イ．3月下旬

ウ．4月に入ってから

応用

質問1〜質問3の対話を聞いて，あとの英語の質問の答えとして最も適切なものをA，B，C，Dの中から1つ選んで記号で答えなさい。（2回）　〈富山県〉

CD1-58

質問1　A．中国　　　　B．韓国　　　　C．アメリカ　　　D．カナダ

質問2　A．1泊2日　　 B．2泊3日　　 C．3泊4日　　　D．4泊5日

質問3　A．中国の古い家について教えてほしいから。

　　　　B．中国の伝統的な踊りを教えてほしいから。

　　　　C．中国の料理の作り方を教えてほしいから。

　　　　D．中国の有名人について教えてほしいから。

質問1 ＿＿＿＿＿＿

質問2 ＿＿＿＿＿＿

質問3 ＿＿＿＿＿＿

7. 旅行に関する会話②

傾向と攻略ポイント

旅行に関する長い会話を聞き，質問に答える問題です。 行き先，出発日，滞在期間，持ち物，旅先での予定など，ポイントを絞って聞き取るようにし，大切なことは日本語でかまわないので，必ずメモしましょう。

例題

男性のLee先生と女子生徒のAyaの対話と，その内容についての質問，及びそれに対する答えとしてone, two, three, fourの4つの選択肢を読みます。その選択肢の中から最も適するものをそれぞれ1つずつ選び，その番号を書きなさい。質問には，No.1とNo.2があります。対話と質問，及び4つの選択肢は1回ずつ読みます。

CD1-59 （1回）※この指示文は実際の入試では放送で行われます。 〈神奈川県立小田原高校〉

放送文

Lee: Where did you go this summer vacation, Aya?
Aya: I went to Kobe and Osaka.
Lee: That's good. Who went with you?
Aya: My father. But he was with me only in Osaka. We stayed in Osaka for three days. After that, I went to Kobe without my father and stayed there for two days. The weather was not so good. It rained every day. But we had a very good time.
Lee: Really? Well, I also went to Kobe with my sister. But we didn't go to Osaka.
Aya: Did you only visit Kobe?
Lee: No, we visited Kyoto, too. My sister lived in Kyoto when she was young.
Aya: How long did you stay in Kyoto?
Lee: We stayed for only two days, but we had a very good time.
Questions:
No.1 Who went to Osaka?
　　1. Mr. Lee did, but Aya didn't.
　　2. Aya and her father went to Kobe.
　　3. Mr. Lee's sister went to Osaka.
　　4 Aya and her father did.
No.2 How long did Mr. Lee and his sister stay in Kyoto?
　　1. For three days.
　　2. When his sister was young.
　　3. For two days.
　　4. When they stayed in Kyoto.

放送文の日本語訳

リー：今年の夏休みはどこへ行った，アヤ？
アヤ：問1 神戸と大阪へ行ったわ。
リー：いいね。誰といっしょにいたの？
アヤ：問1 お父さんと。でも彼は大阪だけいっしょだった。大阪に3日泊まって，その後お父さんをおいて1人で神戸に2日いたわ。天気はあまりよくなかったの。毎日雨だったけど，楽しかったわ。
リー：本当？　僕も妹と神戸に行ったんだ。でも大阪には行かなかった。
アヤ：神戸にだけ行ったの？
リー：いいや。京都にも行ったよ。妹は小さいとき京都に住んでたんだ。
アヤ：京都にはどのくらいいたの？
リー：問2 2日間だけだけど，楽しかったよ。
問1 誰が大阪に行きましたか。
　1. リー先生は行ったが，アヤは行かなかった。
　2. アヤとお父さんは神戸に行った。
　3. リー先生の妹が大阪へ行った。
　4. アヤとお父さんが行った。
問2 リー先生と妹はどのくらい京都にいましたか。
　1. 3日間。
　2. 妹が小さいとき。
　3. 2日間。
　4. 京都に滞在したとき。

> **こう解く！**

問1 アヤは神戸と大阪に行ったが，大阪だけお父さんといっしょに行き，神戸は1人で行ったから，正解はアヤとお父さんが行ったという**4**である。

問2 リー先生は妹と神戸と京都に行ったが，京都にいたのは2日間だけだったから，**3**が正解。

●**この発音に注意！**

それぞれの答えを出す上でポイントとなっている下記のことばの聞き取りに注意する。
He was with me only in Osaka.「ウィズミー」，「オンリーイン」 We stayed for only two days.「フォーオンリートゥーデイズ」，onlyがキーワードとなっている。

●**単語と文法をチェック！**

without ～「～なしに」 weather「天気」 rain「雨が降る」

解答 問1. **4** 問2. **3**

練習問題

☞解答と解説は別冊P.21

基礎 由美(Yumi)さんと，留学生のフレッド(Fred)さんの会話を聞き，それぞれの質問に対する答えとして最も適当なものを，Question 1～3については次のア～エから1つずつ，Question 4については次のア～カから2つ選び，記号で答えなさい。（2回）

〈鳥取県〉

CD1-60

Question 1　ア．Last summer.　　　　イ．Yes, she did.
　　　　　　ウ．No, she isn't.　　　　エ．Yes, she has.　_____

Question 2　ア．To take pictures.　　イ．Yes, she does.
　　　　　　ウ．To study English.　　エ．First time.　_____

Question 3　ア．For a month.　　　　イ．Last week.
　　　　　　ウ．For a week.　　　　　エ．Last summer.　_____

Question 4　ア．由美の父のカメラ　イ．水着　　　　ウ．コート
　　　　　　エ．ゆかた（浴衣）　　オ．ビデオカメラ　カ．写真　_____

応用 HarukaとTakeshiの対話を聞いて，それぞれの質問に対する答えとして最も適当なものをア～エから1つ選び○で囲みなさい。（2回）

〈三重県〉

CD1-61

No.1　ア．For two days.　　　　　　　イ．For seven days.
　　　ウ．For fourteen days.　　　　　エ．For sixty days.

No.2　ア．He got a book about Australia.　イ．He got some nice pens.
　　　ウ．He got a letter from Haruka.　　エ．He got many beautiful pictures.

No.3　ア．About Haruka's trip.　　　　イ．About Takeshi's summer vacation.
　　　ウ．About Haruka's favorite book.　エ．About Takeshi's homework.

8. 誕生日についての会話

> ### 傾向と攻略ポイント
> **誕生日や誕生日パーティーについて話している長めの会話を聞き，質問に答える問題です。**誰の誕生日か，誕生日の日付や曜日，プレゼントを何にするかなどポイントをしっかり聞き取るとともに，メモを取りながら聞くように心がけましょう。

例題 TakashiとKanakoの対話を聞いて，それぞれの質問に対する答えとして最も適当なものをア～エの中から1つ選び，その記号を書きなさい。対話と質問は2回繰り返します。（2回） 〈三重県〉

CD1-62

No.1　ア．A book.　　イ．A CD.　　ウ．A pen.　　エ．A card.
No.2　ア．It's October 1.　イ．It's October 3.
　　　ウ．It's October 15.　エ．It's December 1.

No.1 ＿＿＿＿
No.2 ＿＿＿＿

放送文

Takashi: Jane asked me to come to her birthday party.
Kanako: She asked me too. I hope it will be a nice birthday party.
Takashi: Yes.
Kanako: Takashi, what are you going to give her as a birthday present?
Takashi: She likes Japanese food. I will buy a book about Japanese food for her.
Kanako: That's a good idea. She'll like it. Well, what should I give her as a birthday present?
Takashi: She likes music too. You can give her a CD.
Kanako: I see, but I don't know her favorite songs.
Takashi: Don't worry, Kanako. It's October first today. You have a lot of time to think about it.
Kanako: That's right. There are two weeks before her birthday. I hope I can find a nice present for her.
質問します。
No.1 What will Takashi buy for Jane as a birthday present?
No.2 When is Jane's birthday?

放送文の日本語訳

タカシ：ジェーンが誕生日パーティーに来るように誘ってくれたんだけど。
カナコ：私も誘われたわ。すてきな誕生日パーティーになるといいわね。
タカシ：そうだね。
カナコ：タカシ，誕生日のプレゼント彼女に何をあげるつもり？
タカシ：彼女は日本食が好きだから。問1 日本食の本を買うよ。
カナコ：それはいいわね。彼女は気に入るわよ。ええと，私は何を誕生日プレゼントにあげようかな。
タカシ：彼女は音楽も好きだよ。CDをあげたら。
カナコ：そうね，でも彼女の好きな歌は知らないわ。
タカシ：心配しないで，カナコ。問2 今日は10月1日だから，考える時間はたくさんあるから。
カナコ：そうね。問2 彼女の誕生日まで2週間あるわね。彼女のためにすてきなプレゼントが見つかるといいわ。

問1 タカシは誕生日プレゼントとしてジェーンに何を買うでしょうか。
　ア．本　イ．CD　ウ．ペン　エ．カード
問2 ジェーンの誕生日はいつでしょうか。
　ア．10月1日　イ．10月3日　ウ．10月15日
　エ．12月1日

こう解く！

問1 タカシはジェーンの誕生日にプレゼントとして日本食の本をあげようと考えているので，正解は**ア**となる。

問2 今日は10月1日で，誕生日まではあと2週間あるということは，1+14=15で誕生日は10月15日である。

● **この発音に注意！**
birthday [bə́ːrθdei]「バースデイ」a book about Japanese food「アブッカバウ(トゥ)ジャパニーズフー(ドゥ)」October first「オクトバーファース(トゥ)」two weeks「トゥウィークス」など，キーワードの聞き取りに注意。

● **単語と文法をチェック！**
Japanese food「日本食」favorite「お気に入りの」

解答 問1 ア 問2 ウ

練習問題

☞解答と解説は別冊P.23

基礎

CD1-63

はじめに，姉のサラ(Sarah)と弟のマット(Matt)が英語で会話をします。次に2人の会話の内容について，英語で3つの質問をします。それぞれの質問に対する最も適当な答えを，ア，イ，ウ，エの中から1つ選んで，その記号を書きなさい。(2回)

※この指示文は実際の入試では放送で行われます。　〈佐賀県〉

1番　ア．Sunday.　イ．Monday.　ウ．Friday.　エ．Saturday.

2番　ア．A T-shirt.　イ．An idea.　ウ．A dog.　エ．A bag.

3番　ア．A red bag which has a picture of a dog.
　　　イ．A red bag which has a picture of a cat.
　　　ウ．An orange T-shirt which has a picture of a dog.
　　　エ．An orange T-shirt which has a picture of a cat.

1番＿＿＿

2番＿＿＿

3番＿＿＿

応用

CD1-64

和夫さんとナンシーさんの対話を聞いて，その内容についての(1)～(3)の質問に対する答えとして最も適するものを，それぞれア～エから1つずつ選び○で囲みなさい。(2回)　〈徳島県〉

(1)　ア．To buy a birthday present for Kazuo.　イ．To wait for a bus.
　　　ウ．To have lunch with Kazuo.　エ．To take a train.

(2)　ア．It is between the gas station and "Hinodebashi" bus stop.
　　　イ．It is between the gas station and the post office.
　　　ウ．It is between the department store and the gas station.
　　　エ．It is between the station and the gas station.

(3)　ア．At ten o'clock.　　　　イ．At ten thirty.
　　　ウ．At eleven o'clock.　　エ．At eleven thirty.

9. 本に関する会話

傾向と攻略ポイント

図書館や本に関する話題についての会話を聞き，質問に答える問題です。何のために本を探しているか，どのような本を探しているかなど，大切なポイントをしっかり聞き取り，メモするよう心がけましょう。

例題

これから，BeckyとShotaの2人の対話を放送します。その内容について，Question No.1からQuestion No.3まで，3つの質問をしています。それぞれの質問に対して，最も適切な答えを，ア，イ，ウ，エの中から1つ選んで，その記号を書きなさい。（2回）

〈茨城県〉

CD1-65

No.1　ア．Yes, she does.　　イ．Yes, she is.
　　　ウ．No, she doesn't.　エ．No, she isn't.

No.2　ア．To have a used book shop.
　　　イ．To clean a used book shop.
　　　ウ．To send many old books.
　　　エ．To buy many old books.

No.3　ア．To have a party for poor children.
　　　イ．To buy some new books for poor children.
　　　ウ．To send the money to poor children.
　　　エ．To give some books to poor children.

No.1 _____
No.2 _____
No.3 _____

放送文

Becky: Hi, Shota. How are you?
Shota: Fine, thank you. And you?
Becky: Fine, thanks. What are you doing, Shota?
Shota: I'm cleaning these old books.
Becky: Why are you doing that?
Shota: My class is going to have a used book shop at the school festival.
Becky: I see. I hope many people will buy books.
Shota: Thanks. I hope so, too.
Becky: What will you do with the money you get?
Shota: Well, we're still thinking about it. Do you have any ideas?
Becky: Why don't you send the money to poor children in the world?
Shota: That's a good idea. I think everyone will agree with you.

放送文の日本語訳

ベッキー：やあ，ショウタ，元気ですか。
ショウタ：元気ですよ，ありがとう。あなたはどう。
ベッキー：元気よ。ありがとう。何をしているの，ショウタ。
ショウタ：この古い本をきれいにしているんだ。
ベッキー：どうしてそれをしているの。
ショウタ：問1 僕のクラスが文化祭で問2 古本屋をやるからさ。
ベッキー：そうなの。多くの人が本を買ってくれるといいわね。
ショウタ：ありがとう。僕もそう思うよ。
ベッキー：稼いだお金はどうするの。
ショウタ：ええと，まだ考えているところなんだ。何か考えはある。
ベッキー：問3 世界中の貧しい子供たちに贈るのはどうかしら。

56

Becky: Can I bring some books, too?
Shota: Sure. Thank you, Becky.
Questions:
　No.1　Is Becky in Shota's class?
　No.2　What is Shota's class going to do at the school festival?
　No.3　What is Becky's idea about the money?

ショウタ：それはいい考えだね。みんな君に賛成すると思うよ。
ベッキー：私も少し本を持って行っていいかしら。
ショウタ：もちろん。ありがとう，ベッキー。
No.1 ベッキーはショウタのクラスにいますか。
　ア．はい，彼女はします。
　イ．はい，彼女はいます。
　ウ．いいえ，彼女はしません。
　エ．いいえ，彼女はいません。
No.2 ショウタのクラスは文化祭で何をするつもりですか。
　ア．古本屋を開く。
　イ．古本屋を掃除する。
　ウ．多くの古本を送る。
　エ．多くの古本を買う。
No.3 お金に関してベッキーの考えは何ですか。
　ア．貧しい子供たちのためにパーティーを開く。
　イ．貧しい子供たちのために新しい本を買う。
　ウ．貧しい子供たちにお金を贈る。
　エ．貧しい子供たちに本をあげる。

> こう解く！

No.1 下線部1で「僕のクラスは」と言っているので，ショウタとベッキーはおそらく同じクラスにいないのであろう。
No.2 下線部2で古本屋を開くといっているので，**ア**が正しい。
No.3 古本を売った売上金を世界中の貧しい子供たちに贈ってはどうかとベッキーが提案しているので，答は**ウ**が正しい。

● **この発音に注意！**
　それぞれの答を出すうえで大切な次の部分を聞き逃さないよう注意して聞き取る。
No.1　My class「マイ」が強く発音され，強調されている。
No.2　have a used book shop「ユーズ（ドゥ）ブッ（ク）ショッ（プ）」と [d]，[k]，[p] が脱落する。
No.3　send the money to poor children in the world「プアーチルドゥレン」の音のつながりに注意。

● **単語と文法をチェック！**
　clean「きれいにする」 old book「古本」 the school festival「文化祭，学園祭」 poor「貧しい」

| 解答 | No.1 エ　No.2 ア　No.3 ウ |

練習問題は次のページにあります ➡

練習問題

☞ 解答と解説は別冊 P.25

基礎 YukiとJohnの対話を聞いて，それぞれの質問に対する答えとして最も適当なものをア～エの中から1つ選び，その記号を書きなさい。（2回） 〈三重県〉

CD1-66

No.1　ア．With the computer.
　　　イ．At Yuki's house.
　　　ウ．For their homework.
　　　エ．In the library.

No.2　ア．She is looking for some books.
　　　イ．She is reading some books.
　　　ウ．She is writing her letter.
　　　エ．She is reading John's letters.

No.3　ア．Some books for Yuki's homework.
　　　イ．Some books written in Japanese.
　　　ウ．English books about Japanese food.
　　　エ．English books about animals.

No.1 _____

No.2 _____

No.3 _____

応用

これから放送する対話は，高校生のきょうこさんと，きょうこさんの学校で英語を教えているブラウン先生が，本屋で偶然出会ったときに行った対話です。対話につづいて5つの質問をします。対話及び質問は2回放送します。必要があれば，メモをとってもかまいません。（2回）

※この指示文は実際の入試では放送で行われます。

〈広島県〉

問1. ア．This week.
　　　イ．Next week.
　　　ウ．This month.
　　　エ．Next month.

問2. ア．Two books.
　　　イ．Three books.
　　　ウ．Four books.
　　　エ．Five books.

問3. ア．Her school library.
　　　イ．Her school song.
　　　ウ．Japanese festivals.
　　　エ．Japanese food.

問4. ア．To enjoy Japanese parties more.
　　　イ．To know about Japan more.
　　　ウ．To talk with more Japanese students.
　　　エ．To visit more high schools in Japan.

問5. ア．Yes, he does.
　　　イ．No, he doesn't.
　　　ウ．Yes, he has.
　　　エ．No, he hasn't.

問1. ＿＿＿＿＿
問2. ＿＿＿＿＿
問3. ＿＿＿＿＿
問4. ＿＿＿＿＿
問5. ＿＿＿＿＿

4 会話文の内容―メモ穴埋め問題，内容真偽問題

1. 伝言メモの完成（日本語）

傾向と攻略ポイント

やや長めの会話を聞き，内容のまとめにある空欄を日本語で補充する形式の問題です。まとめの部分の日本語が内容を理解するヒントとなりますので，放送を聞く前にあらかじめ読みましょう。

例題

CD1-68

伝言メモを完成させる問題です。伝言メモを見てください。今から，Jiroのおとうさんと Ann が電話で会話をします。Ann は Jiro のおとうさんに，Jiro への伝言を頼みました。このときの2人の会話を，英語で2回くりかえします。よく聞いて，Jiro のおとうさんが書いた伝言メモの A，B にあてはまる内容を日本語または数字で書きなさい。（2回）

※この指示文は実際の入試では放送で行われます。　　　　　　　　　　　　　　〈香川県〉

次郎へ，

アンから電話あり。

健がきのう [　　A　　]。現在，市立病院に入院中。

いっしょにお見舞いに行きたいので，あすの午後 [　　B　　] 時に病院に来てほしいとのこと。

父より

A _____　　B _____

放送文

Ann: Hello. This is Ann. May I speak to Jiro?
Jiro's father: Hi, Ann. I'm sorry, he is out now.
Ann: Can I leave a message?
Jiro's father: Sure.
Ann: Ken broke his arm yesterday. He is now in City Hospital. I want to visit him with Jiro. Could you tell him to come to the hospital at 3 tomorrow afternoon?
Jiro's father: OK. I'll tell him.
Ann: Thank you. Bye.

放送文の日本語訳

アン：もしもし。アンですが次郎さんいますか？
次郎の父：やあ，アン。ごめん。彼は今出かけてるよ。
アン：言伝をお願いできますか。
次郎の父：いいよ。
アン：健が昨日A 腕を骨折して，今私立病院にいます。次郎といっしょにお見舞いに行きたいから，明日の午後B 3時に病院へ来るように伝えてくれますか？
次郎の父：わかった，伝えておくよ。
アン：ありがとう。さようなら。

こう解く!

アンが次郎の家に電話をしたが留守だったので,父親に伝言をお願いしている会話である。内容は,昨日健が腕を骨折して市立病院に入院中なので,明日見舞いに行くから,3時に病院で待ち合わせたい,ということである。その中で空所に相当する部分を補充すればよいので,A「腕を骨折した」B「3」となる。

●この発音に注意!

答えのポイントとなる broke his arm「ブローキィザーム」となる連結, come to the hospital at three「カムトゥダホスピタ(ル)アットゥリー」の連結,脱落,th が[d]となる部分を聞き逃さない。

●単語と文法をチェック!

be out「外出中」 leave a message「伝言を残す」 break *one's* arm「腕を骨折する」 City Hospital「市立病院」

解答 A 腕を骨折した B 3

練習問題

☞解答と解説は別冊 P.28

基礎 CD1-69

まず最初に,そこにある正人(Masato)さんのメモをよく見てください。
これは,正人さんが,ホームステイで滞在したシドニーで,道をたずねたときのメモです。これから,そのときの対話を読みます。その対話の内容に合うように,メモの中のA, B, C, Dに,それぞれあてはまる日本語を書きなさい。対話は2回読みます。(2回) ※この指示文は実際の入試では放送で行われます。 〈山形県〉

〈正人さんのメモ〉
図書館への行き方
　この通りを進んで, A で B に曲がる。
　橋を渡ると, C に見えてくる。 D のそば。

A _____
B _____
C _____
D _____

応用 CD1-70

これからカナダにホームステイ中のKeikoとホストファミリーのTomとの対話を放送します。下の図は,対話のあとで,Keikoが家族に送った電子メールの一部です。対話を聞いて,①には数字を,②には下のa〜cの中から最もふさわしいものを1つ選びなさい。(2回) 〈鹿児島県〉

Tomは,私が毎日(①)回,家族にメールを送ると言ったら,びっくりしていました。私は(②)と説明しました。

a. 家族にそうするように言われていたから
b. 家族のことがとても気になっているから
c. 家族に伝えたいことがたくさんあるから

① _____
② _____

2. インタビューの内容のメモ穴埋め（日本語）

傾向と攻略ポイント

生徒が外国人に**インタビューをしている会話を聞き，内容についてまとめたメモの穴埋めを日本語で行う形式の問題です**。会話の中に必ず答のヒントとなる部分がありますので，聞き逃さないよう注意するとともに，メモを取るよう心がけましょう。

例題

これから，中学生のなお子（Naoko）が，近所に住んでいるジョン・スミス（John Smith）さんに，英語でインタビューをします。そのインタビューを聞いて，メモの空欄(1)，(2)，(3)にあてはまる日本語または数字を書きなさい。（2回）

※この指示文は実際の入試では放送で行われます。　　〈岩手県〉

CD1-71

インタビューメモ
名前はジョン・スミス
ジョンさんは　(1)　出身。
日本に来たのは，約　(2)　か月前。
ジョンさんにとって最も大切なのは，(3)　。

(1)　　　　　　(2)　　　　　　(3)

放送文

Naoko: Hi, Mr. Smith. Can we start now?
John: Yes, of course, but please call me John.
Naoko: OK, John. You are from Canada. Is that right?
John: No, my wife is from Canada. I'm from America.
Naoko: Oh, I see. When did you come to Japan?
John: We came here about five months ago.
Naoko: Do you think Japanese life is different from American life?
John: Yes. I think Japanese life is busier than American life.
Naoko: Why do you think so?
John: Well, Japanese people sometimes go to work on weekends.
Naoko: My father does, too.
John: I usually spend weekends with my family. I think family is the most important thing of all.

放送文の日本語訳

なお子：こんにちは，スミスさん。さあ，始めましょうか。
ジョン：いいですよ，もちろん，でもジョンと呼んでください。
なお子：わかりました，ジョン。カナダの出身でしたよね。
ジョン：いいえ。妻はカナダ出身ですが，(1) 僕は米国出身です。
なお子：ああ，そうですか。日本へはいつ来たんですか。
ジョン：(2) 約5か月前に来ました。
なお子：日本の生活は米国と違うと思いますか。
ジョン：そうですね。日本の生活は米国よりも忙しいです。
なお子：なぜそう思うのですか。
ジョン：そうですね，日本人は週末でも仕事に行くことがあります。
なお子：私の父もそうです。
ジョン：私はいつも家族と週末を過ごします。(3) 私は家族が一番大切だと思っています。

こう解く！

下線部(1)からわかるように，Johnの妻はカナダ出身だが，自身は米国の出身であると言っている。日本に来たのは約5か月前であることは下線部(2)にある。また，下線部(3)から家族が一番大切だと思っている。

● この発音に注意！

I'm from America. の文では「アメ**リ**カ」のアクセントに注意。We came here about five months ago. monthsは複数形では「マンツ」と発音されるので「ファイヴマンツアゴ」となる。

● 単語と文法をチェック！

of course「もちろん」 call + 人 + 名前「人を名前と呼ぶ」 be different from ～「～とは異なる」 on weekends「週末に」

解答 (1) 米国 (2) 5 (3) 家族

練習問題

☞解答と解説は別冊P.29

基礎

マイクは，踊りを踊ったグループの女性にインタビューをしています。その内容をまとめたメモが書いてあります。会話を聞いて，そのメモを完成させなさい。会話は2回放送します。（2回）

※この指示文は実際の入試では放送で行われます。　　〈京都府〉

CD1-72

〈インタビューのメモ〉
(1) (　　　)色の衣装は手作りである。
　　踊りを始めたのは，約(　　　)年前。
(2) メンバーの人数は，まもなく(　　　)人になる。
　　毎週(　　　)曜日に練習し，いろいろな祭りで踊っている。
　　ボランティアとして，お年寄りを訪問し踊ることもある。

応用

Kenは，修学旅行先の京都で，外国人のMs. Leeにインタビューをしました。そのインタビューを聞いて，次の(1)～(4)の質問に対する答えについて，日本語によるメモを書きなさい。

※この指示文は実際の入試では放送で行われます。　　〈埼玉県〉

CD1-73

京都に来ていた外国人へのインタビュー・メモ　インタビューした相手の名前：(Ms. Lee)	
質問	答え
(1) どこの国の人か	
(2) 日本に来たのは何回目か	(　　　)回目
(3) 京都でのお気に入りの場所はどこか	
(4) 日本をどう思うか	

3. インタビューの内容のメモ穴埋め（英語）

傾向と攻略ポイント

生徒がALTの先生や留学生にインタビューをしている，やや長めの会話を聞いて，要点をまとめた英文の空所を補う英単語を答える問題の練習です。会話の中に答えのヒントとなるキーワードがありますから，聞き逃さないようしっかり聞きましょう。また，答えを書く際にはスペルの間違いがないように気をつけましょう。

例題 これから，新聞部のKumikoが，ALTのWhite先生に行ったインタビューを放送します。下は，それをもとに，Kumikoが書いた記事の一部です。インタビューを聞いて，①，②にそれぞれ英語1語を書きなさい。（2回） 〈鹿児島県〉

CD1-74

> Mr. White liked reading books in his high school days. He often went to a library and read many books about Japanese （ ① ）.
> He also enjoyed （ ② ） very much. He went to a lake or a river with his friends every Sunday.

① _____

② _____

放送文

Kumiko: Mr. White, could you tell us about your high school days?
Mr. White: Sure. I often visited a library to read books. I read many books about Japanese culture, because I was very interested in it.
Kumiko: I see. So, you can learn more about our culture here, right?
Mr. White: Yes, and I liked fishing, too. I went to a lake or a river with my friends every Sunday, and caught a lot of fish. I enjoyed it very much.

放送文の日本語訳

クミコ：ホワイト先生，先生の高校時代について，私たちに話してくれませんか。
ホワイト先生：いいですよ。僕はよく本を読みに図書館へ行きました。僕は日本文化についてたくさんの本を読みました。なぜならそのことにとても興味があったからです。
クミコ：そうですか。それで，私たちの文化についてここでもっと学べるということですね。
ホワイト先生：そうです，そして僕は釣りも好きです。僕は毎週日曜日に友達と湖や川に行ってたくさんの魚を釣りました。僕はそれをすごく楽しんでいました。

こう解く！

①ホワイト先生は，高校時代よく図書館へ行って，日本文化に関する本をたくさん読んだ。だから，Japanese culture となるのが正解。
②ホワイト先生は，釣りも好きだといっているので，enjoyed fishing となる。

● **この発音に注意！**
①の答えを書くうえでキーワードとなるのは，Japanese culture である「カ(ル)チャー」と [l] が弱く聞きとりにくい。また②の答えは，I liked fishing を聞き逃さない。語尾の [d] や [g] が脱落する。

● **単語と文法をチェック！**
high school days「高校時代」library「図書館」culture「文化」be interested in ～「～に興味がある」like ～ing「～するのが好きだ」a lot of ～「たくさんの～」

解答　① culture　② fishing

練習問題

☞ 解答と解説は別冊P.31

基礎　会話を聞いてメモを完成させる問題です。中学生のアキラは，ALTのローズ先生にインタビューをして英語でメモを作りました。会話を聞いて，会話で使われている英語を，省略しない形で1語ずつ書き，メモを完成させなさい。会話は2回言います。（2回）

CD1-75　※この指示文は実際の入試では放送で行われます。　〈秋田県〉

[アキラが作成したメモの一部]

〈About Rose-sensei〉
● She will go back to Canada on ①[　　　　] 27th.
● She has only two weeks in Japan.
● She enjoyed many Japanese ②[　　　　].
● She wants to teach world ③[　　　　] in Canada.

応用　会話を聞いてメモを完成させる問題です。中学校のSakikoはアメリカからの留学生Jasonにインタビューして英語でメモを作りました。会話を聞いて①から③に，会話で使われている英語を，省略しない形で一語ずつ書き，メモを完成させなさい。会話は2回言います。（2回）　〈秋田県〉

CD1-76

[Sakikoが作成したメモの一部]

〈About Jason〉
● This is his ①(　　　　) visit to Japan.
● He started to learn Japanese when he was twelve.
● His favorite subject is ②(　　　　).
● He is a member of a ③(　　　　) team.

4. 内容真偽問題

傾向と攻略ポイント

長い会話を聞き，内容と合っているものを選ぶ形式の問題です。放送を聞く前にあらかじめ選択肢に目を通し，どのようなことが判断をする上でポイントになるか，考えておきましょう。

例題 ある日の放課後，高校生の直美と留学生のトムが話をしています。その会話の中で述べられている内容と合うものをア〜エから1つ選びなさい。（2回） 〈大阪府〉

CD1-77

ア．Tom played baseball with some students in the game yesterday.
イ．Students in the soccer club will have a game this Saturday.
ウ．Naomi wants Tom to see the art club's pictures after school today.
エ．Naomi has just told Tom about all the clubs in their school.

放送文

Tom: I often played baseball in my country. Is there a baseball club in this school, Naomi?
Naomi: Yes, there is, Tom. But students in the club don't practice here today. I hear they had a game yesterday.
Tom: Oh, did they? What other clubs do you have?
Naomi: Well, a soccer club. You can see them from here. They're practicing hard. They'll have a game in the park this Saturday.
Tom: I see.
Naomi: I'm in the art club. My friends and I practice every day. You can see our pictures in the art room after school tomorrow.
Tom: Oh, good.
Naomi: We have more clubs. But I have no time to tell you today.
Tom: OK. But, please tell me about them tomorrow.
Naomi: All right.

放送文の日本語訳

トム：僕は故国ではよく野球をやってたんだ。この学校にも野球部はあるかな，ナオミ。
直美：ええ，あるわ，トム。でも野球部の生徒は今日はここでは練習していないわ。昨日試合があったて聞いたわ。
トム：ええ，ァ昨日あったの。他にどんなクラブがあるの。
直美：ええと，サッカー部。ここから彼らが見えるわ。彼らは一生懸命練習してるわ。彼らはィ今週の土曜日に公園で試合があるの。
トム：そうなんだ。
直美：私は美術部に入っているの。友達と毎日練習するのよ。ゥ明日の放課後美術室で私たちの絵が見られるわ。
トム：すごいね。
直美：ェ他にもクラブがあるわ。今日は話す時間がないの。
トム：いいよ，でも明日話してよ。
直美：いいわ。

 ア．トムは昨日他の生徒といっしょに野球の試合でプレーした。
 イ．サッカー部の生徒は今週の土曜日に試合がある。
 ウ．直美は，今日の放課後美術部の絵をトムに見てもらいたい。
 エ．直美は，学校のすべてのクラブについてトムに話したところだ。

こう解く！

ア．トムは野球部が昨日試合だったことを知らなかった。また彼は野球部員でもない。
イ．下線部イから，サッカー部は今週の土曜日に試合であることがわかり，内容と一致しているので，これが正解となる。
ウ．直美がトムに絵を見てもらいたいのは，今日ではなく，明日。
エ．直美は，今日は時間がないので，トムは，他のクラブについては明日話してもらいたい。

● **この発音に注意！**
art club「アー（トゥ）クラブ」と [t] が脱落して発音されるのに注意。

● **単語と文法をチェック！**
practice「練習する」　from here「ここから」　hard「一生懸命に」　art club「美術部」
picture「絵」　after school「放課後」　art room「美術室」

解答　イ

練習問題

☞解答と解説は別冊 P.32

基礎

CD1-78

これから，アメリカでのホームステイから帰国した中学生のTakashiとALTのLisa先生との対話を2回放送します。2人は，Takashiがホームステイ先の母親（host mother）に贈ったふろしきについて話しています。まず，1回目の放送をします。対話のあとに，その内容について質問を1つします。それに対する答えを下のア〜ウの中から1つ選び，その記号を書きなさい。

次に，2回目の放送をします。対話のあとにその内容に関するa, b, c, 3つの英文を読みます。その中から対話の内容と一致する英文を1つ選び，解答欄の「正」の文字を○で囲みなさい。一致しない英文に対しては，「誤」の文字を○で囲みなさい。

★この問題はCDに2回分吹き込まれています。　　　　　　　　　　　〈鹿児島県〉

ア．She tried to wear it.
イ．She put it on the wall.
ウ．She used it as a bag.

ⓐ	ⓑ	ⓒ
正	正	正
誤	誤	誤

練習問題は次のページにあります ➡

応用 教室で浩二とサラが会話をします。この会話の内容と合っているものを，ア〜カのうちから2つ選び，その記号を書きなさい。なお，この会話は2回行います。
（2回）※この指示文は実際の入試では放送で行われます。　　　　　　　　　〈奈良県〉

ア．Sarah has never spent Christmas with her family near the sea on a hot summer day in Australia.

イ．Koji thinks Sarah can see snow on Christmas day in Japan this year because it is very cold this winter.

ウ．Sarah will write Christmas cards about the white Christmas in Japan because Koji tells her to do so.

エ．Koji gets many Christmas presents on Christmas Day, and also gets many Christmas cards.

オ．Many children in Australia think that Santa Claus brings presents for them on Christmas Day.

カ．Sarah told Koji about Christmas in Australia, but it was not great for him to learn about it.

第2章

英文を聞いて答える問題・その他の問題

　第2章は英文を聞いて答える問題とその他の問題を集めました。英文を聞いて答える問題は，セクション5ではイラストや写真・図・表・地図を見ながら答える問題，あるいは正しいイラストを選ぶ問題です。セクション6は英文を聞きその質問に答える問題です。セクション7は応答文を答える問題です。第2章の応答文の問題は単文を聞いてその応答文を選ぶ問題と応答文を書いて答える問題（英作文）を集めました。英作文をして答える問題の大半が応答文を書かせる問題のため，このセクションに英作文の問題を入れています。セクション8はまとめの問題。第1章のセクション4同様に，英文の内容をまとめた文を穴埋めをして完成する問題と，英文の内容として選択肢が正しいか間違っているかを答える問題（内容真偽問題）です。

　その他の問題は，セクション9で英語を聞きとり，それを書きとる問題（ディクテーション）です。出題される公立高校はセクション7の英作文同様に少ないですが，出題実績のある都道府県の方は，ここをチェックしてください。

　第2章の各セクションも後半になるにしたがって難しい問題になっていきます。

5 イラストや図表を使った問題（英文）

1. 写真やイラストの描写についての問題

傾向と攻略ポイント

イラストや写真の説明をしている文として最も適切なものを選ぶ問題です。なぞなぞのようなものもありますので，注意して聞くように心がけましょう。あらかじめイラストや写真の特徴を理解しておくと答えのヒントとなるでしょう。

例題

問題は①と②の2つです。①と②の絵についての説明のうち，最もふさわしい英文を，これから放送されるa, b, c, dから1つずつ選んで記号を書きなさい。英文は2回ずつ言います。（2回）★この問題はCDに2回分吹き込まれています。

※この指示文は実際の入試では放送で行われます。

〈秋田県〉

CD2-2

① ②

① _____ ② _____

放送文

① a. You can see a girl who is cooking with her friend.
   b. You can see a girl who is calling her friend.
   c. You can see a girl who is coming into the room.
   d. You can see a girl who is cleaning the room.
② a. We use this to send an e-mail.
   b. We use this to cut paper.
   c. We use this to send a letter.
   d. We use this to listen to music.

放送文の日本語訳

① a. 友達といっしょに料理をしている女の子が見えます。
   b. 友達に電話をしている女の子が見えます。
   c. 部屋へ入ってくる女の子が見えます。
   d. 部屋を掃除している女の子が見えます。
② a. Eメールを送るのにこれを使います。
   b. 紙を切るのにこれを使います。
   c. 手紙を送るのにこれを使います。
   d. 音楽を聴くのにこれを使います。

こう解く！

① イラストでは女の子が掃除機をかけている様子がわかるので，cleaningと言っている **d** が正解。

② イラストは切手である。切手は手紙やはがきなどの郵便を送る際に利用するものなので，to send a letterと言っている **c** が正しい。

● **この発音に注意！**

cleaning the room「クリーニン（グ）ダルーム」語尾の［g］は脱落し，theが［d］のように聞こえる。send a letter「センダレタ」と連結されることに注意。

● **単語と文法をチェック！**

cook「料理をする」 call「電話をかける」 come into「～の中に入る」 clean「掃除をする」 e-mail「電子メール，Ｅメール」

解答 ① d ② c

練習問題

☞解答と解説は別冊P.35

基礎

CD2-3

絵を見ながら英文を聞き取る問題です。次の1，2の絵について，それぞれの絵に最も合う英文を，放送されるア，イ，ウ，エの中から1つずつ選び，記号で答えなさい。放送は2回くり返します。（2回）★この問題はＣＤに2回分吹き込まれています。〈島根県〉

①_____
②_____

応用

CD2-4

No.1，No.2のそれぞれの写真について，英文の説明と質問を放送します。そのあとで質問に対する答えの選択肢としてone, two, three, fourの4つの英文を放送します。その4つの中から最も適する答えをそれぞれ1つずつ選び，その番号を書きなさい。説明，質問，および答えの英文は1回ずつ放送します。（1回）

※この指示文は実際の入試では放送で行われます。　〈神奈川県立鎌倉高校〉

No.1　　　No.2

No.1_____
No.2_____

2. 時間に関する問題

傾向と攻略ポイント

短い文を聞いてその中に出てくる時間に関する問いに答える問題です。簡単な計算を必要とするものもありますので，必ず時間をメモしながら聞き取るようにしましょう。

例題　放送される英文を聞いて，その内容に合う絵を選ぶ問題です。英文の内容に合う絵をア，イ，ウ，エの中から1つ選んで，記号で書いてください。英文は，それぞれ2回放送されます。（2回）

※この指示文は実際の入試では放送で行われます。

〈高知県〉

CD2-5

ア　現在の時刻 9:00

イ　現在の時刻 9:15

ウ　現在の時刻 9:30

エ　現在の時刻 9:45

放送文

I'll visit Okayama today. My train leaves at nine-thirty. I got to Kochi Station a little earlier. I have to wait fifteen minutes. What time is it now?

放送文の日本語訳

私は今日岡山を訪れます。私が乗る電車は9時30分に出発します。私は高知駅に少し早めに着きました。私は15分待たなければなりません。今何時ですか。

こう解く！

9時30分発の電車に乗るため，15分待たなければならないということは，現在の時刻は9時15分なので，**イ**が正解である。

● **この発音に注意！**

thirty と fifteen のアクセントに注意。thírty – thirtéen, fífty – fiftéen が区別つけられるようにしよう。

● **単語と文法をチェック！**

leave「出発する」　get to ～「～に到着する」　a little「少し」

解答　イ

練習問題

☞解答と解説は別冊P.36

5 イラストや図表を使った問題（英文）

基礎　CD2-6

これは英文を聞き取り，その内容にかかわる絵を選ぶ問題です。問にはア，イ，ウの3つの絵があります。英文をそれぞれ2回読みます。ア，イ，ウの中から，その内容に最もよく当てはまる絵を1つ選び，その記号を書きなさい。（2回）　〈山梨県〉

ア　〈あずさ8号〉甲府発　10：30　↓　新宿着　11：36

イ　〈あずさ12号〉甲府発　11：06　↓　新宿着　12：36

ウ　〈かいじ108号〉甲府発　11：29　↓　新宿着　13：08

応用　CD2-7

これからジェーンが話をします。話のあとに英語で質問をします。その質問の答えとして最も適切なものを，ア，イ，ウ，エの4つの中から1つ選び，記号で答えなさい。なお，話を2回繰り返し，そのあとで質問を2回繰り返します。（2回）

★この問題はCDに2回分吹き込まれています。

※この指示文は実際の入試では放送で行われます。

〈静岡県〉

ア　イ　ウ　エ

3. 大小を答える問題

傾向と攻略ポイント

短い文を聞き，**イラストの人物の中で大きい人，小さい人など誰が，どの人か判断する問題です**。taller thanなどの比較がポイントとなりますから，注意して聞き取りましょう。

例題 英文による説明を聞いて，それぞれの内容に当てはまる絵を選ぶ問題です。説明に最も当てはまる絵を，ア，イ，ウ，エの中から1つ選び，符号で答えなさい。英語による説明は2回繰り返します。（2回）

※この指示文は実際の入試では放送で行われます。 〈宮崎県〉

CD2-8

ア　　イ

ウ　　エ

放送文

Mayumi and I are in this picture. I'm taller than Mayumi. She is holding a bag with both hands.

放送文の日本語訳

マユミと私がこの写真に写っています。私はマユミよりも背が高いです。彼女は両手でカバンを持っています。

こう解く！

　私の方がマユミよりも背が高いといっているので，ア，ウの2人が同じ背の高さのものは解答から除外する。残りのイとエのうちで，背が低いマユミがカバンを両手で持っているのは**イ**である。

● **この発音に注意！**
　holding a bag「ホールディン（グ）アバッ（グ）」と語尾の [g] が脱落する。both hands「ボサンズ」と連結するのに注意。

● **単語と文法をチェック！**
　hold「持つ」　with both hands「両手で」

| 解答 | イ |

練習問題

☞解答と解説は別冊P.36

基礎　CD2-9

これから英文を2回読みます。ア，イ，ウの中から，その内容に最もよく当てはまる絵を1つ選び，その記号を書きなさい。（2回）

※この指示文は実際の入試では放送で行われます。
〈山梨県〉

応用　CD2-10

この問題には3つの絵があります。これから英文を2回読みます。英文が表す状況と一致するものをア，イ，ウの中から1つ選んで，その記号を書き入れなさい。（2回）

※この指示文は実際の入試では放送で行われます。
〈長崎県〉

4. 地図を見て答える問題①

傾向と攻略ポイント

駅から目的地までの道順を説明する英文を聞き，目的地を探す問題です。右，左ばかりでなく，となり，向かいなどの表現にも注意して聞きとるように心がけましょう。

例題　ア，イ，ウ，エは家の位置を表しています。これから読む英文の内容にあてはまるものを，1つ選んで記号を書きなさい。英文は2回ずつ言います。（2回）

※この指示文は実際の入試では放送で行われます。

〈秋田県〉

CD2-11

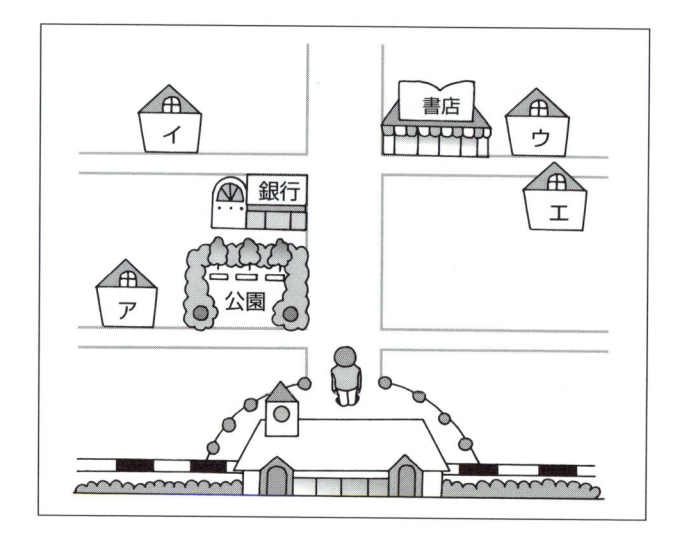

放送文

You are going to your friend's house. Now you are at the station. Go along the street. Then turn left at the bank and walk a little. You'll find his house on your right. Which is his house?

放送文の日本語訳

あなたは友達の家に行こうとしています。あなたは今駅にいます。目の前の道をまっすぐ行きます。銀行のところを左に曲がり，少し歩きます。右側に友達の家が見えます。どれが彼の家ですか。

こう解く！

駅から友達の家までの道案内である。駅からまっすぐ行き，銀行の角を左に曲がり，その後右側にあるのは**イ**である。

● **この発音に注意！**

right, left の聞き取りに注意。[r] の音ははじめに「ウ」があるような感じで聞こえる。

● **単語と文法をチェック！**

go along ～「～をまっすぐ行く」　turn「曲がる」　a little「少し」　on *one's* right「右手に」

解答　イ

練習問題

☞解答と解説は別冊 P.37

基礎　絵を見て答える問題です。英語を聞いて，質問の答えとして最も適切なものを，①から④の中から1つ選び，番号を書きなさい。英語はそれぞれ2回繰り返します。

（2回）※この指示文は実際の入試では放送で行われます。　〈長野県〉

CD2-12

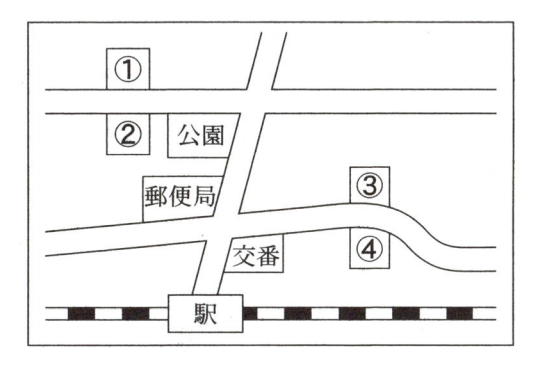

応用　これから英文を読み，それについての質問をします。それぞれの質問に対する答えとして最も適当なものを，次のア～エから1つ選びなさい。（2回）　〈新潟県〉

CD2-13

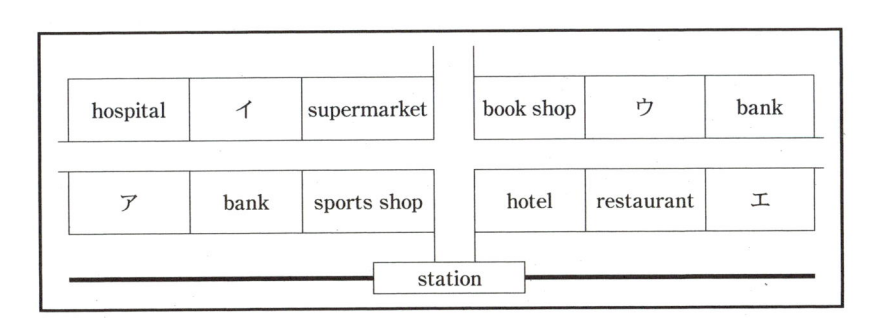

5. 地図を見て答える問題②

傾向と攻略ポイント

道順を説明する英文を聞き，地図の中でお店や目的地などを探し当てる問題です。右，左など大切な指示をメモするだけでなく，地図に線を書き込みながら聞くと理解しやすいでしょう。

例題

これから，留学生のジェーン（Jane）が，英語で話をします。話のあとに英語で質問をします。その質問の答えとして最も適切なものを，ア，イ，ウ，エの4つの中から1つ選び，記号で答えなさい。なお，話を2回繰り返し，そのあとで質問を2回繰り返します。　★この問題は2回分吹き込まれています。

CD2-14

※この指示文は実際の入試では放送で行われます。

〈静岡県〉

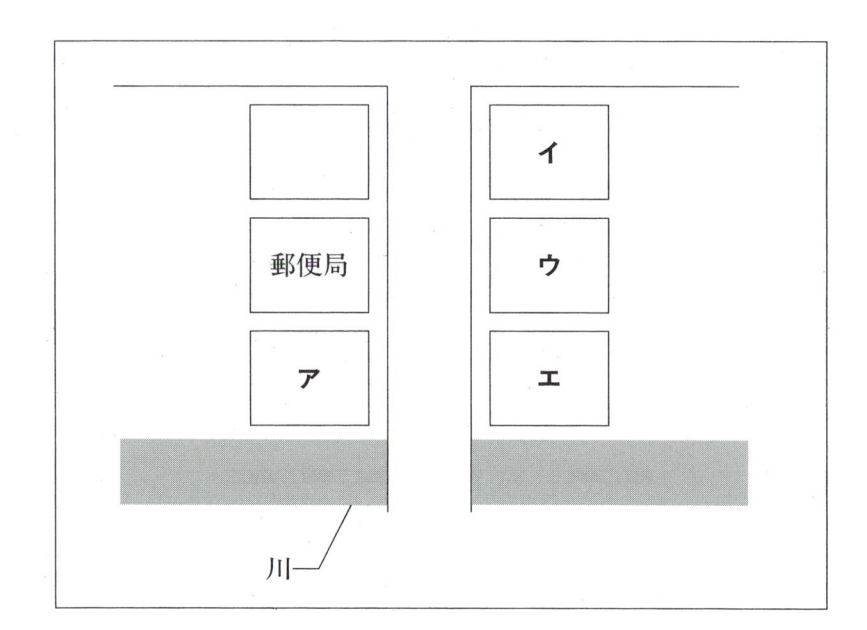

	郵便局		イ
			ウ
	ア		エ

川

放送文	放送文の日本語訳
I found a new CD shop. I think you'll like it. You know where the post office is. There is a book shop across the street from the post office. The CD shop is next to the book shop. It stands by the river. 質問：Where is the CD shop?	私は新しいCD店を見つけました。あなたも気に入ると思います。郵便局がどこにあるか知っていますよね。郵便局の道の向かい側には本屋があります。CD店は本屋のとなりです。お店は川のそばにあります。 質問：CD店はどこですか。

こう解く！

郵便局の向かいはウである。そのとなりはイかエであるが，川のそばということから，エがCD店ということになる。

●**この発音に注意！**

across the street, by the river [th] は [d] に聞こえ，「アクロスダストゥリー（トゥ）」，「バイダリバー」となる。

●**単語と文法をチェック！**

across the street「通りの向かい側」 by ～「～のそば，～のわきに」

解答 エ

5 イラストや図表を使った問題（英文）

練習問題は次のページにあります ➡

練習問題

☞ 解答と解説は別冊 P.37

基 礎

CD2-15

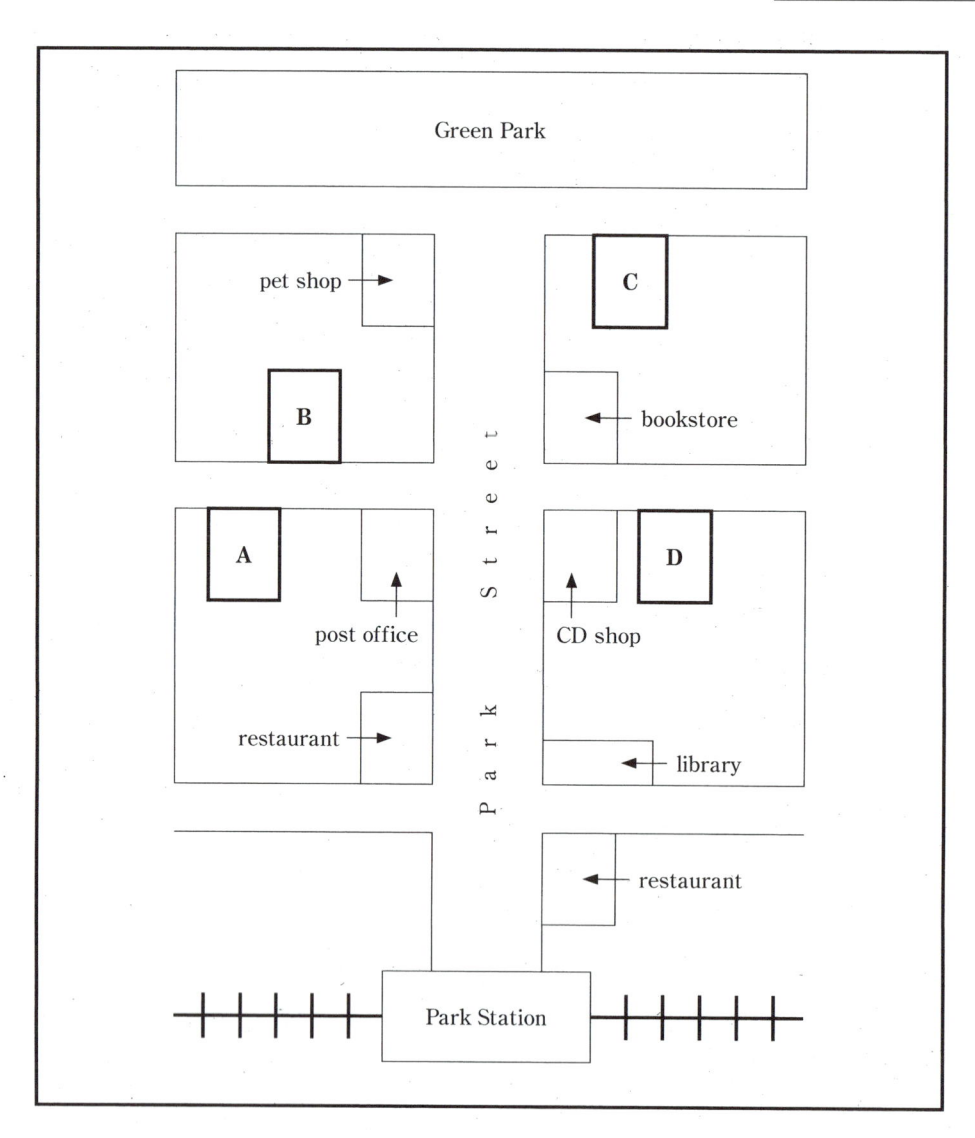

Shigeoたちは海外語学研修で，ある町を訪れたとき，そこでの自由行動について，先生から説明を受けました。これから，その内容を放送します。それを聞いて，「集合時間」を（ ① ）に書きなさい。また，「集合場所」を下の地図のA，B，C，Dの中から1つ選んで，その記号を書きなさい。(2回)　〈茨城県〉

集合時間：午後（ ① ）時　　　　　　　　　　①

集合場所：　　（ ② ）　　　　　　　　　　　②

応用

CD2-16

これは，道案内を聞いて答える問題です。まず，英語で道案内をしますので，スタート地点から地図をたどり，到着する建物の番号を書きなさい。さらに，その建物について英語で説明をしますので，建物を表す単語を完成させるように，頭文字のアルファベットに続けて，それぞれ下線にあてはまるよう文字を書き入れなさい。（2回）

※この指示文は実際の入試では放送で行われます。

〈岩手県〉

	到着する建物の番号	建物を表す単語
例題	3	R e s t a u r a n t
(1)		S _ _ _ _ _ _
(2)		L _ _ _ _ _ _

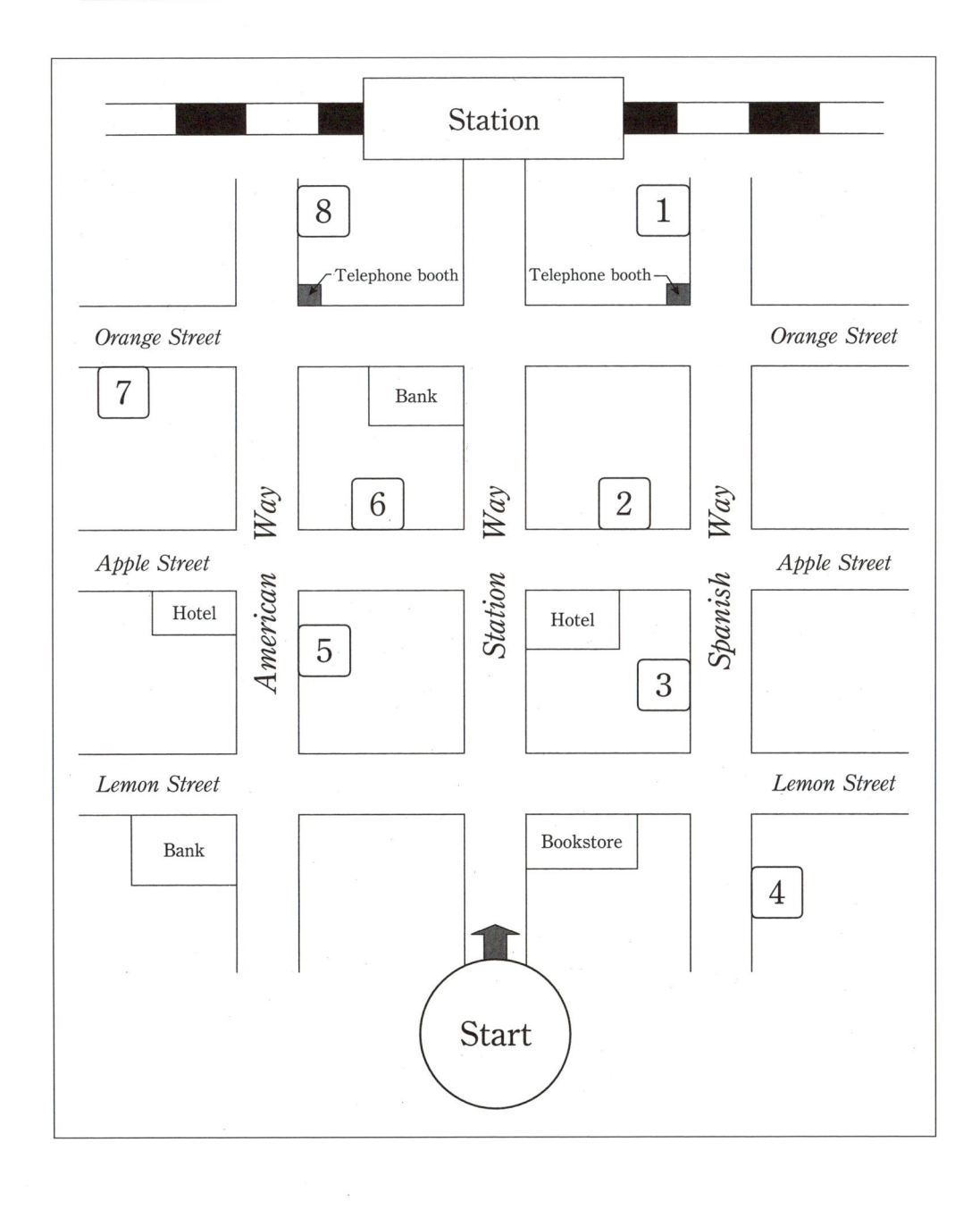

5 イラストや図表を使った問題（英文）

6. 人物をあてる問題

傾向と攻略ポイント

短い文を聞き，**人物を当てる問題です**。年齢や好きなことなど他の人と異なるポイントを聞き分け，判断するようにしましょう。放送を聞く前にあらかじめ表を見て，それぞれの人の違いを理解しておくことも役立つでしょう。

例題

この問題は，表を見て答える問題です。表について，それぞれ英語で質問をします。質問は2回繰り返します。それぞれの質問に対する正しい答えをア～エの中から1つ選び，その記号を書きなさい。（2回） 〈三重県〉

CD2-17

名前	好きなスポーツ	年齢
Yoshiko	バレーボール	14歳
Atsuko	バスケットボール	14歳
Ken	サッカー	13歳
Hiroshi	テニス	15歳

No.1　ア．Yoshiko does.　　No.2　ア．Yes, she is.
　　　イ．Atsuko does.　　　　　イ．No, she isn't.
　　　ウ．Ken does.　　　　　　　ウ．Yes, they are.
　　　エ．Hiroshi does.　　　　　エ．No, they aren't.

No.1 _____　No.2 _____

放送文

No.1　Who likes tennis?
No.2　Are Yoshiko and Atsuko older than Ken?

放送文の日本語訳

No.1　テニスが好きなのは誰ですか。
No.2　ヨシコとアツコはケンよりも年上ですか。
　　　No.1　ア．ヨシコです。
　　　　　　イ．アツコです。
　　　　　　ウ．ケンです。
　　　　　　エ．ヒロシです。
　　　No.2　ア．はい，彼女はそうです。
　　　　　　イ．いいえ，彼女はそうではありません。
　　　　　　ウ．はい，彼らはそうです。
　　　　　　エ．いいえ，彼らはそうではありません。

こう解く！

No.1　好きなスポーツがテニスとなっているのは，ヒロシである。
No.2　ヨシコとアツコは14歳，ケンは13歳なので，答はYesであるが，ヨシコとアツコを指すためには，theyを用いるので，**ウ**が正しい。

● **この発言に注意！**
older than「オールダーダン」と [th] が [d] に聞こえるのに注意。
● **単語と文法をチェック！**
Who の疑問文では動詞に三人称単数現在の ～s が付く。

解答　No.1 エ　No.2 ウ

練習問題

☞解答と解説は別冊P.39

基礎

CD2-18

　表は左から順に，Koji, Emi, Sara, Nick のそれぞれが，先週の土曜日に行ったことをまとめたものです。それぞれの名前の下には，上から順に，勉強した教科，勉強した時間，勉強以外に行ったこと，それを行った場所が示されています。表を見ながら質問に答えなさい。質問は No.1～No.3 まであります。それぞれの質問に最も適する答えを1～4の中から1つずつ選び，その番号を書きなさい。質問は2回ずつ放送します。（2回）
〈神奈川県〉

Koji	Emi	Sara	Nick
Englsih	English, Japanese and science	Japanese, English, science and music	Japanese and science
2 hours	4 hours	5 hours	1 hour
played soccer	played tennis	read books	took pictures
school	park	library	mountains

No.1　1. One.　　　2. Two.　　　3. Three.　　　4. Four.　　　＿＿＿
No.2　1. Koji.　　　2. Emi.　　　3. Sara.　　　4. Nick.　　　＿＿＿
No.3　1. At school.　2. In the park.　3. In the library.　4. In the mountains.　＿＿＿

応用

CD2-19

　これは英文を聞き取り，その内容にかかわる絵を選ぶ問題です。これから英文を2回読みます。ア，イ，ウの中から，その内容に最もよくあてはまるものを1つ選び，その記号を書きなさい。（2回）
〈山梨県〉

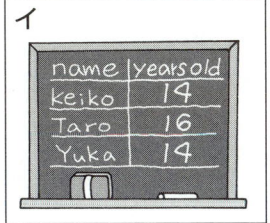

ア
name	years old
keiko	17
Taro	16
Yuka	17

イ
name	years old
keiko	14
Taro	16
Yuka	14

ウ
name	years old
keiko	14
Taro	16
Yuka	17

7. グラフを見て答える問題

傾向と攻略ポイント

短い文を聴き，**グラフからデータを読み取り，質問に答える問題です**。放送を聞く前にあらかじめグラフを見て内容を理解しておくと役立つでしょう。数字など判断をする上でキーワードとなることばは，必ずメモしましょう。

例題

下の表について，英文A，B，C，Dが順番に読まれます。説明として正しいか，誤っているかを判断して，解答欄を○で囲みなさい。なお正しいものは1つです。
(2回) 〈富山県〉

CD2-20

一番好きなスポーツ（次郎の学級　30名）

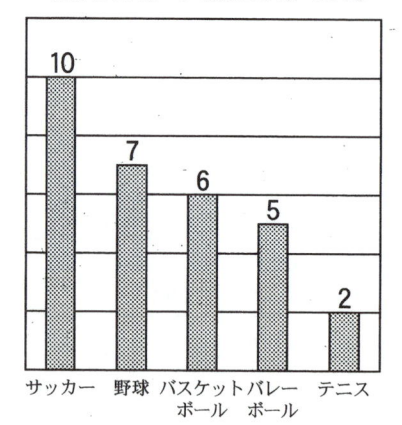

サッカー	野球	バスケットボール	バレーボール	テニス
10	7	6	5	2

解答欄	A	B	C	D
	正	正	正	正
	誤	誤	誤	誤

放送文	放送文の日本語訳
A. Soccer is not popular in this class. B. Baseball is the most popular sport in this class. C. Basketball is more popular than tennis in this class. D. Volleyball is as popular as soccer in this class.	A. このクラスではサッカーは人気がない。 B. このクラスでは野球が一番人気があるスポーツだ。 C. このクラスではバスケットボールはテニスより人気がある。 D. このクラスではバレーボールとサッカーの人気は同じだ。

こう解く！

A. サッカーが好きな人は10人で，一番人気があるので，放送された文は，グラフの内容と一致しない。

B. Aと同じように，一番人気があるのはサッカーで，野球ではないので，グラフと一致していない。

C. 野球が好きな人は7人。テニスが好きな人は2人なので，野球の方が人気があるといえるので，正しい。

D. バレーボールが好きな人は5人，サッカーは10人なので，同じとは言えないので，誤である。

● **この発音に注意！**
　soccer, baseball, basketball, tennis, volleyball など日本語と発音が異なるとともに，語尾の [l] が脱落することに注意。
● **単語と文法をチェック！**
　popular「人気がある」

解答　A. 誤　B. 誤　C. 正　D. 誤

練習問題

☞解答と解説は別冊P.40

基礎　これからグラフについて英語で質問します。日本語で答えとなるスポーツ名を記入しなさい。なお，質問はそれぞれ2回繰り返します。それでは始めます。（2回）
※この指示文は実際の入試では放送で行われます。
〈福岡県〉

CD2-21

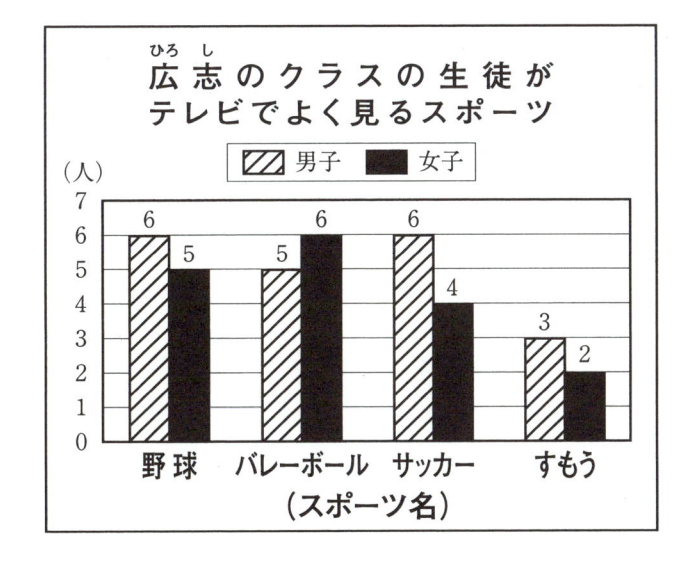

広志のクラスの生徒がテレビでよく見るスポーツ

スポーツ名	男子	女子
野球	6	5
バレーボール	5	6
サッカー	6	4
すもう	3	2

応用　英文による説明と質問を聞いて，適切な絵を選ぶ問題です。質問の答えとして最も適切な絵を，1，2，3，4 の中から1つ選んで，その番号を書きなさい。英文は2回読みます。（2回）
〈青森県〉

CD2-22

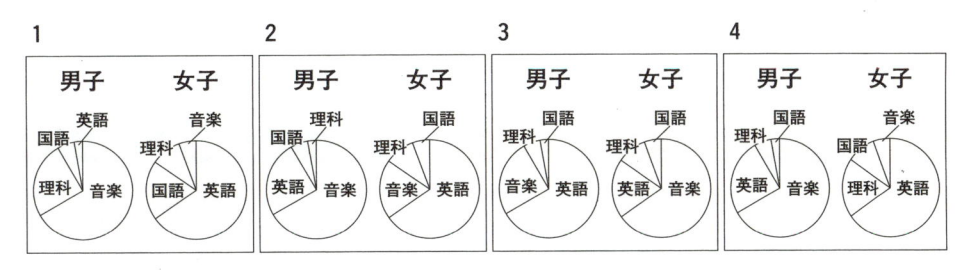

1, 2, 3, 4 （男子・女子の円グラフ：国語・英語・理科・音楽）

5 イラストや図表を使った問題（英文）

6 英文の質問に答える問題

1. なぞなぞ

傾向と攻略ポイント

短い文を聞き，なぞなぞに答える問題です。 英文で説明しているものがどのようなものか，想像力を働かせて答えを見つけましょう。必ずキーワードがあるはずなので，聞き逃さないようにしましょう。

例題 （1）～（3）の英文が説明しているものとしてそれぞれ適当なのは，（ア）～（カ）のうちではどれですか。（2回） 〈岡山県〉

CD2-23

（ア）cat
（イ）door
（ウ）kitchen
（エ）lake
（オ）store
（カ）car

(1) _____
(2) _____
(3) _____

放送文

(1) This runs on the street. We use it to go to many places.
(2) This is a part of a house. We usually cook food there.
(3) We go to this place. We buy things there.

放送文の日本語訳

(1) これは道路を走ります。いろいろな場所へ行くために私たちはこれを利用します。
(2) これは家の一部です。私たちはそこで料理をします。
(3) 私たちはこの場所へ行きます。そこで買い物をします。

こう解く！

(1) 道路を走り，いろいろな場所へ行くために利用するものは，(**カ**) 車である。
(2) 家の一部で，料理をする場所は，(**ウ**) 台所である。
(3) 買い物をしに行く場所は，(**オ**) 店である。

● **この発音に注意！**
　runs on the street「ランゾンダストゥリー（トゥ）」a part of a house「アパーロバハウス」となる連結，脱落に注意。

● **単語と文法をチェック！**
　a part of ～「～の一部」cook「料理する」buy「買う」

解答　(1)(**カ**)　(2)(**ウ**)　(3)(**オ**)

練習問題

☞解答と解説は別冊 P.40

基礎

1番も2番も，英語の質問を聞いて，その答えとして正しいものを選ぶ問題です。それぞれの質問に対する答えとして最も適当なものを，ア，イ，ウの中から1つ選んで，その記号を書きなさい。（2回）

※この指示文は実際の入試では放送で行われます。

〈佐賀県〉

CD2-24

1番 _____

2番 _____

応用

問題は2度ずつ読まれます。その答えとして最も適切なものを選んで，記号で答えなさい。（2回）　★この問題はCDに2回分吹き込まれています。

※この指示文は実際の入試では放送で行われます。

〈都立産業技術高等専門学校〉

CD2-25

No.1 _____

No.2 _____

2. スピーチ・手紙・ビデオレター

傾向と攻略ポイント

スピーチや手紙，ビデオレターを聞いて質問に答える問題です。近況など，どのようなことを伝えたいのか，ポイントを理解しながら聞き取りましょう。

例題

英文を聞いて，その内容に合うように，①〜⑤に適当な数字または日本語を入れなさい。

英文は，海外の中学生トムが自分の学校生活を日本の中学生に紹介した手紙の一部です。英文は2回くり返します。（2回）

CD2-26　※この指示文は実際の入試では放送で行われます。　〈三重県〉

- Tomの学校がある国は（　①　）です。
- Tomの学校の先生の人数は（　②　）人です。
- Tomの好きな教科は（　③　）です。
- Tomはふつう，バスケットボールの練習を（　④　）時間します。
- Tomがこの手紙を書いたのは，（　⑤　）月です。

① _____　② _____　③ _____

④ _____　⑤ _____

放送文

　Hello. My name is Tom. I'm going to tell you about my school life here in Canada. There are 315 students and 22 teachers in my school. My favorite subject is music. I like singing very much. I am a member of the basketball team. Our team has 32 members. We usually start practicing at four and finish at six. Our team will have a big game on October 17. Now there is just one month before the game. So we practice very hard every day. I enjoy my school life very much. I want to know about your school life in Japan.

放送文の日本語訳

　こんにちは。僕の名前はトムです。僕はカナダでの学校生活について話したいと思います。僕の学校には315人の生徒と22人の先生がいます。僕の好きな科目は音楽です。僕は歌うのが大好きです。僕はバスケットボール部の一員です。僕たちのチームには32人の部員がいます。練習はふだん4時に始まり6時に終わります。10月17日に大きな試合があります。今試合までにわずか1か月しかありません。だから毎日一生懸命練習しています。僕は学校生活をとても楽しんでいます。あなたの日本の学校生活について知りたいです。

こう解く！

① トムの学校は**カナダ**にある。
② トムの学校には先生が**22**人いる。
③ トムの好きな教科は**音楽**。
④ トムのバスケットボールの練習は4時に始まり6時に終わるので，**2**時間。
⑤ 10月17日の試合まであと1か月ということは，今は**9**月である。

●この発音に注意！

① Canada「カナダ」ではなく「キャナダ」。② 22「トゥエンティートゥ」のアクセントに注意。③ music「ミュージック」と日本語とは異なる。④ start practicing at four and finish at six [t], [g], [d] などの語尾は脱落する。⑤ October 17, one month before 日付は「セブンティーンス」と序数で読む。

●単語と文法をチェック！

school life「学校生活」 favorite「お気に入りの」 hard「一生けん命に」

解答 ①カナダ ②22 ③音楽 ④2 ⑤9

練習問題

☞解答と解説は別冊P.41

基礎

CD2-27

健太の学校の生徒たちがカナダの学校を訪れました。そこでの歓迎式で，健太が行ったあいさつを2回放送します。次の文は，その内容をまとめたものです。内容を聞き取って，（ア）〜（オ）のそれぞれにあてはまる日本語または数字を書きなさい。（2回） 〈和歌山県〉

○健太は，（　ア　）歳のときに父とカナダを訪れた。
○健太は，カナダの生徒に，好きな（　イ　）とスポーツについて尋ねている。
○健太は，（　ウ　）を演奏するのが好きである。
○健太は，（　エ　）部の一員である。
○健太は，カナダの学校で，（　オ　）を訪れたいと考えている。

ア.＿＿＿　イ.＿＿＿　ウ.＿＿＿　エ.＿＿＿　オ.＿＿＿

応用

CD2-28

南アフリカの中学生のJennyさんが，ビデオレターの中で彼女の学校生活や将来の夢について話しています。それを聞いて，No.1からNo.4の内容に最も合うものを，アからエの中から1つずつ選び，○で囲みなさい。英語は2回繰り返します。

（2回）※この指示文は実際の入試では放送で行われます。 〈長野県〉

No.1　ジェニーの通学方法
　ア．徒歩　　　　　イ．自転車　　　ウ．バス　　　　エ．電車

No.2　ジェニーの学校が始まってから終わるまでの時間
　ア．4時間30分　　イ．5時間30分　ウ．6時間30分　エ．7時間30分

No.3　ジェニーが学校や家で話す言語
　ア．両方とも英語　　　　　　　　　イ．両方とも英語でない言語
　ウ．家で英語，学校で他の言語　　　エ．学校で英語，家で他の言語

No.4　ジェニーの将来の夢
　ア．生徒たちと音楽を楽しむ　　　　イ．生徒たちと読書を楽しむ
　ウ．生徒たちに英語を教える　　　　エ．病気の人や困っている人を助ける

3. 案内

> **傾向と攻略ポイント**
>
> 図書館の利用案内など何かを説明をしている英文を聞いて，質問に答える形式の問題です。時間や数字など大切なことは必ずメモをとりましょう。

例題

英文と質問を聞いて，それぞれの質問に対する正しい答えをア～エの中から1つ選び，その記号を書きなさい。英文は，ある生徒が英語の授業で学校の図書館について説明したときのものです。英文と質問は2回繰り返します。（2回）

※この指示文は実際の入試では放送で行われます。

〈三重県〉

CD2-29

- No.1　ア．At 8:00 in the morning.　　イ．At 9:00 in the morning.
　　　　ウ．At 5:00 in the evening.　　エ．At 6:00 in the evening.
- No.2　ア．For one week.　　イ．For two week.
　　　　ウ．Two books.　　エ．Some books.
- No.3　ア．Two rooms.　　イ．Some guitars.
　　　　ウ．Many different books.　　エ．Three computers.

No.1 _____　No.2 _____　No.3 _____

放送文

Our school library opens at 9:00 in the morning and closes at 5:00 in the evening. There are many books in the library. We can keep two books at home for one week. The library has two rooms which we can use. In the larger room, there are many different books. For example, we can find books about other countries. In the smaller room, we can find three computers. We can use them to look for the books we want to read.

質問します。

- No.1　What time does the library close?
- No.2　How long can the students keep books at home?
- No.3　What can the students find in the smaller room?

放送文の日本語訳

私たちの学校の図書館は朝9時に開館し，No.1 夕方5時に閉館します。図書館にはたくさんの本があります。私たちはNo.2 1週間に2冊家へ本を持って帰ることができます。図書館には私たちが利用できる部屋が2つあります。大きい方の部屋には，いろいろな種類の本があります。例えば，外国についての本が見られます。小さい方の部屋では，No.3 3台のコンピュータが見られます。私たちが読みたい本を探すためにこれらを利用できます。

- No.1　図書館は何時に閉まりますか。
　　ア．朝8時　　　イ．朝9時
　　ウ．夕方5時　　エ．夕方6時
- No.2　生徒はどのくらいの期間本を家で借りていることができますか。
　　ア．1週間　イ．2週間　ウ．2冊　エ．数冊
- No.3　小さい方の部屋では，生徒は何が見られますか。
　　ア．2つの部屋　　　　イ．いくつかのギター
　　ウ．さまざまな種類の本　エ．3台のコンピュータ

こう解く！

- No.1　図書館の閉館は午後5時。
- No.2　本は1週間借りられる。
- No.3　小さな部屋には3台のコンピュータがある。

● **この発音に注意！**

それぞれの問いのキーワード。

No.1　closes at 5:00「クロージィズアッ（トゥ）ファイボクロック」
No.2　for one week「フォーワンウィーク」
No.3　we can find three computers.「スリーコンピューラーズ」[t]が[l]のように聞こえる。

● **単語と文法をチェック！**

library「図書館」 look for ～「～を探す」

解答　No.1 ウ　No.2 ア　No.3 エ

練習問題

☞解答と解説は別冊P.43

基礎

英文を聞いて質問に答える問題です。アメリカのある町で図書館に電話をしたら，次のような案内が聞こえてきました。案内の英文を聞いた後で，案内の内容について①から③まで3つの質問をします。質問の答えを，それぞれア，イ，ウ，エから1つずつ選んで記号を書きなさい。英文と質問は通して2回言います。（2回）

※この指示文は実際の入試では放送で行われます。

〈秋田県〉

CD2-30

① ア．Two days.　　　　　　　　イ．Four days.
　 ウ．On the second Monday.　 エ．On the fourth Monday.

② ア．There are two rooms.　　　イ．We can listen to stories.
　 ウ．There are fifty thousand books.
　 エ．We can read and borrow books.

③ ア．At about 1:00.　　　　　　イ．At about 2:00.
　 ウ．At about 3:00.　　　　　　エ．At about 4:00.

①_____
②_____
③_____

応用

写真の展覧会で，案内係が写真の説明をしています。説明を聞いて，それに続く英語による2つの質問に対する答えとして最も適しているものをア～エから1つずつ選び，記号を書きなさい。（2回）

〈大阪府〉

CD2-31

(1) ア．About a big city at night.
　　イ．About a small town at night.
　　ウ．About a big city in the morning.
　　エ．About a small town in the morning.

(2) ア．In America.　　イ．Near China.
　　ウ．In Japan.　　　エ．Near Australia.

問1_____
問2_____

4. メッセージ・留守電

傾向と攻略ポイント

留守番電話のメッセージを聞いて質問に答える問題です。大切な用件は何か判断して，要点をメモにまとめながら聞き取るよう，心がけましょう。

例題

CD2-32

留守番電話に残されたメッセージを聞いて，質問に答える問題です。問題は，ア，イ，ウの3つあります。はじめに，メッセージを2回繰り返します。次に，質問を2回繰り返します。質問の答えとして最も適切なものを，1, 2, 3, 4 の中から1つ選んで，その番号を書きなさい。（2回）★この問題はCDに2回分吹き込まれています。

※この指示文は実際の入試では放送で行われます。　　　　　　　　　　　　　　　〈青森県〉

ア．　1. At 7:30.　　　2. At 8:00.
　　　3. At 8:30.　　　4. At 9:00.

イ．　1. Eight.　　　　2. Nine.
　　　3. Ten.　　　　　4. Eleven.

ウ．　1. To Green Park.　　2. To the zoo.
　　　3. To Peace Park.　　4. To American School.

ア．＿＿＿＿
イ．＿＿＿＿
ウ．＿＿＿＿

放送文

　Hi, Takashi. This is Tom. I'm calling to tell you about the tennis games we will play tomorrow morning. The place is Peace Park. We wanted to start the games at seven thirty in the morning. But Masao cannot come so early. So the games will begin at nine. Please come thirty minutes before the games. Yesterday we had eight people to play but three more people will join us. They are students at American School. Please bring something to eat. We will have lunch in Green Park near the zoo after the games. I am sure it will be sunny tomorrow. See you!

ア．What time should Takashi come tomorrow?
イ．How many people will play tomorrow?
ウ．Where will they go after the tennis games?

放送文の日本語訳

　もしもし，タカシ。トムです。明日の朝のテニスの試合について伝えるために電話しました。場所は平和公園。7時半に試合を始めたかったけれど，マサオが早く来られない。だから試合はア9時開始です。試合の30分前には来るように。昨日は，イ8人だったけど，あと3人加わるから。彼らはアメリカンスクールの学生。何か食べ物を持ってきて。試合の後で動物園の近くのウ緑公園で昼食を食べるから。明日はきっと晴れるでしょう。じゃあ。

ア．タカシは明日何時に来るべきですか。
　　1. 7時30分。　2. 8時。　3. 8時30分。　4. 9時。
イ．明日は何人がプレーするでしょうか。
　　1. 8人。　2. 9人。　3. 10人。　4. 11人。
ウ．テニスの試合の後彼らはどこへ行くでしょうか。
　　1. 緑公園。　　　2. 動物園。
　　3. 平和公園。　　4. アメリカンスクール。

こう解く！

ア．テニスの試合開始は9時だが，30分前に来るように言っているので，**8時30分**には行くべき。

イ．昨日は8人だったが，後3人加わるということは，$8+3=11$で，**11人**になる。

ウ．試合の後は，動物園の近くの**緑公園**へ行き，昼食を食べる。

● **この発音に注意！**
ア． at nine「アッ（トゥ）ナイン」, thirty minutes before「サァーティーミニッツビフォ」
イ． eight people「エイ（トゥ）ピープー（ル）」, three more「スリーモア」
ウ． lunch in Green Park「ランチングリーンパー（ク）」

● **単語と文法をチェック！**
join「加わる」 something to eat「何か食べるもの」 I am sure ...「きっと…だろう」

解答　ア．3　イ．4　ウ．1

練習問題

解答と解説は別冊P.44

基礎　CD2-33

これから放送する英文は，メアリー（Mary）さんの電話に録音されていたメッセージです。英語を聞いて(1)から(4)の問いに対する答えを，日本語や数字で書きなさい。英語は2回繰り返します。（2回）　〈滋賀県〉

(1) メアリーに電話をかけてきた人はだれですか。
(2) メアリーがパーティに持ってくるよう頼まれた物は何ですか。
(3) メアリーが電話をかけてきた人の家に来てほしいと言われた時刻は何時ですか。
(4) メアリーがパーティに参加できないときにするべきことは何ですか。

(1) _____　(2) _____　(3) _____　(4) _____

応用　CD2-34

これから，由美の自宅の留守番号に録音された英語の伝言を放送します。その伝言を聞いて，次のA〜Hの（　）の中に入る日本語（数字を含む）を書きなさい。（2回）　〈新潟県〉

スティーブから由美への伝言
用件：（A）のために延期された（B）の観戦について
期日：（C）月17日
持ち物：（D），（E）
集合場所：（F）に集合
集合時間：午前（G）時
連絡先：質問がある場合，474 −（H）に電話

A _____
B _____
C _____
D _____
E _____
F _____
G _____
H _____

5. 人物描写①

傾向と攻略ポイント

やや長い文を聞き，人物についての質問に答える問題です。 メモをとることが重要となりますので，大切なポイントを日本語でもかまわないので，メモしながら聞きましょう。

例題

これから，Taroと叔母のTakakoについての話が流れます。続いて，その内容について，No.1 ～ No.3の3つの質問と質問に対するa, b, cの3つの答えが流れます。それを聞いて，それぞれの質問に対する正しい答えをa, b, cの中から1つ選びなさい。(2回)　　〈群馬県〉

CD2-35

No.1 _____　No.2 _____　No.3 _____

放送文

　Taro is a junior high school student. His father has a sister who lives in London. Her name is Takako. She has lived there for three years. She works at a school in London and teaches Japanese to people living there. When Taro went to London to meet her during the winter vacation, she was very kind and helped him very much. Taro visited many interesting places with her. After coming back to Japan, Taro wrote some letters to Takako. Now he wants to see Takako again very much.

質問します

No.1　What does Takako do in London?
　　a. She studies at a music school.
　　b. She works as a teacher of Japanese.
　　c. She writes stories for children.

No.2　When did Taro go to London?
　　a. Last summer.
　　b. Next month.
　　c. During the winter vacation.

No.3　What did Taro do after coming back to Japan?
　　a. He called Takako to tell her about his school life.
　　b. He studied about London because he wanted to go to there again.
　　c. He wrote some letters to Takako.

放送文の日本語訳

　タロウは中学生です。彼のお父さんにはロンドンに住んでいる姉妹がいます。彼女の名前はタカコです。彼女はそこに3年間住んでいます。彼女はロンドンの学校で働き，そこに住んでいる人々に問1 日本語を教えています。タロウが問2 冬休みに彼女に会いにロンドンへ行ったとき，彼女はとても親切でいろいろと手助けしてくれました。タロウは彼女といっしょにいろいろな楽しい場所を訪れました。日本へ帰ってきた後，問3 タロウはタカコに手紙を書きました。今彼はタカコにまた会いたいと思っています。

問1. タカコはロンドンで何をしていますか。
　　a. 音楽学校で勉強している。
　　b. 日本語の先生として働いている。
　　c. 子供のための物語を書いている。
問2. タロウはいつロンドンへ行きましたか。
　　a. 去年の夏。
　　b. 来月。
　　c. 冬休み中。
問3. 太郎は日本へ帰ってきた後何をしましたか。
　　a. タカコに電話かけ，学校生活について話した。
　　b. ロンドンについて勉強した。なぜならまた行きたいから。
　　c. タカコに手紙を書いた。

こう解く！

問1. タロウの叔母であるタカコはロンドンで日本語を教えている。
問2. タロウがロンドンへ行ったのは冬休み中。
問3. 日本へ戻った後，タロウはタカコに手紙を書いた。

●**この発音に注意！**
　個々の細かな発音にこだわるのではなく，答えを出す上でポイントなるキーワードの聞き取りに注意しよう。
問1. teaches Japanese「ティーチズ・ジャパニーズ」
問2. during the winter vacation「デュアリン（グ）ダ・ウインターバケイション」
問3. Taro wrote some letters to Takako「ロウ（トゥ）サムレターズ」

●**単語と文法をチェック！**
　interesting「おもしろい，興味の持てる」after ～ing「～した後」call「電話をかける」

解答　問1 b　問2 c　問3 c

練習問題

☞解答と解説は別冊P.45

基礎

はじめに，絵についての説明を英語で2回行います。その後で，英語で4つの質問をします。質問はそれぞれ2回ずつ行います。みなさんは，それぞれの質問に対する正しい答えを，ア，イ，ウのうちから1つずつ選び，その記号を書きなさい。
　それでは，始めます。まず，絵についての説明です。（2回）

CD2-36
★この問題はCDに2回分吹き込まれています。
※この指示文は実際の入試では放送で行われます。

〈奈良県〉

質問①　ア．Yes, she is.　　　イ．No, she isn't.　　ウ．No. she doesn't.
質問②　ア．Yes, she is.　　　イ．Yes, she does.　　ウ．No, she doesn't.
質問③　ア．More than fifty.　イ．More than sixty.　ウ．More than seventy.
質問④　ア．Their parents.　　イ．Kenta.　　　　　　ウ．Kumi.

質問①＿＿＿＿＿　質問②＿＿＿＿＿

質問③＿＿＿＿＿　質問④＿＿＿＿＿

応用

CD2-37

はじめに，Kentaと犬のJudyについての英文を読みます。そのあとで，英語で(1)，(2)，(3)の3つの質問をします。英文と質問は，2回くり返して読みます。質問に対する正しい答えを，アからエまでのうちから1つずつ選んで，その記号を書きなさい。(2回) 〈香川県〉

(1) ア．When he was born.
 イ．When he was four years old.
 ウ．When he was in the fourth grade.
 エ．When he was a junior high school student.

(2) ア．Because Judy liked to eat food there.
 イ．Because Judy liked to play with a ball there.
 ウ．Because Kenta and Judy liked to sleep there.
 エ．Because Kenta liked to clean the park with Judy.

(3) ア．He feels sad because he lost his good friend.
 イ．He feels sad because his mother tells him to stop crying.
 ウ．He doesn't feel sad, because he doesn't like Judy anymore.
 エ．He doesn't feel sad, because Judy will stay in his mind forever.

問(1) _____

問(2) _____

問(3) _____

英語の音② 音の変化

　1つの単語を単独で発音するのではなく，いくつかつなげて文として発音するとき，さまざまな音の変化が起こります。ここでは3種類の音の変化の特徴について学びましょう。明治時代の笑い話で，What time is it now? を「ホッタイモイジルナ（掘った芋いじるな）」と聞こえたという例は，この3種類の音の変化を最もよく表しています。

連結……文法的に密接なつながりのある音の連続で，前の語の末尾の子音と次に続く母音とをつなげてなめらかに発音することを**連結**といいます。

CD1-84　例：Could you give me an apple?
　　　　「私にりんごをくださいませんか」

　　　語尾の [d] と語頭の [y] が連結し [dju]（ジュ），語尾の [n] と語頭の [ɑ] が連結し [nɑ] という音が作られます。（クッジュ）（アナップル）と聞こえるでしょう。

同化……隣り合う2つの音が他方の影響を受け，まったく同じ音や似たような音に変化したり，相互に影響しあってそれぞれに似た音になることを**同化**といいます。

CD1-85

　　　例：We have to leave now.
　　　　「私たちは今去らなくてはなりません」

　　　haveは，通常（ハヴ）と発音しますが，toの前では無声音tの影響を受けて同化したため [v]（ヴ）が [f]（フ）に変化し（ハフトゥ）となります。

脱落……話し言葉において音が一時的に省略され，消えることを**脱落**といいます。

CD1-86　弱い音節やストレスのおかれない音節の母音，複雑な子音同士が結合した場合の子音などが脱落します。rock and rollを（ロックアンドロール）ではなく（ロックンロール）と発音するように，単語の終わりのt, d, p, bなどの音が発音されずに省略されます。

　　　例：Please don't tell him.
　　　　「彼には言わないでください」

　　　don'tは，（ドント）ではなく [t] が脱落し（ドン），はた，himは語頭の [h] が脱落し，（イム）となり，tellの語尾の [l] と連結し，（テリム）と発音されます。

6. 人物描写②

傾向と攻略ポイント

人物に関する長い英文を聞き，質問に答える問題です。 いつ，どこへ行って，何をしたなど大切なポイントをメモしながら聞くよう心がけましょう。

例題

CD2-38

最初に，英文を2回読みます。その後で，英文の内容について1番から4番まで，英語の質問を2回ずつ読みます。質問の答えとして最も適当なものを，アからエまでの中から1つずつ選んで，その符号を書きなさい。（2回）★この問題はCDに2回分吹き込まれています。　※この指示文は実際の入試では放送で行われます。　　　〈大分県〉

1番　ア．England.　　　　　　　　　　イ．Making *origami*.
　　　ウ．A birthday party.　　　　　　エ．Asking some questions.

2番　ア．Last summer.　　　　　　　　 イ．For three weeks.
　　　ウ．For three months.　　　　　　エ．One Saturday afternoon.

3番　ア．Making *origami*.　　　　　　 イ．Studying English.
　　　ウ．Asking some questions.　　　　エ．Answering the questions.

4番　ア．Because Tom was his good friend.
　　　イ．Because he studies English every day.
　　　ウ．Because he didn't know how to make *origami*.
　　　エ．Because he could answer only one question at the party.

1番	2番	3番
4番		

放送文

Takeshi is a junior high school student in Oita. He likes to study English and he is interested in England.

Last summer he went to England to study English. He was in England for three weeks, and he stayed at Tom's house. Tom has a sister and her name is Mary.

One Saturday afternoon his family had a birthday party for Mary. At the party Takeshi showed Mary how to make *origami*. She enjoyed making *origami* very much and asked him some questions about Japan. But Takeshi could answer only one question. He felt very sad.

So he thinks it is very important to understand Japan.

放送文の日本語訳

タケシは，大分県の中学生です。彼は英語を学ぶことが好きで，1番 英国に興味を持っています。

去年の夏，彼は英語の勉強をするために英国に行きました。2番 彼は英国に3週間いて，トムの家に滞在しました。トムには妹がいて，彼女の名前はメアリーです。

ある土曜日の午後，彼の家族はメアリーのために誕生日パーティを開きました。パーティで，タケシは折り紙の作り方をメアリーに教えました。3番 彼女は折り紙をとても楽しみ，日本についていくつかの質問をしました。しかし4番 タケシは1つの質問にしか答えられませんでした。彼はとても悲しかったです。

ですから彼は日本を理解することがとても大切だと思っています。

それでは，質問を読みます。
1番　What is Takeshi interested in?
2番　How long did Takeshi stay in England?
3番　What did Mary enjoy at the party?
4番　Why did Takeshi feel sad at the party?

質問
1番　タケシは何に興味を持っていますか。
　　ア．英国。
　　イ．折り紙を作ること。
　　ウ．誕生日パーティ。
　　エ．いくつかの質問をたずねること。
2番　タケシは英国にどのくらいの期間滞在しましたか。
　　ア．去年の夏。　イ．3週間。
　　ウ．3か月。　　エ．土曜日の午後。
3番　メアリーはパーティで何を楽しみましたか。
　　ア．折り紙を作ること。
　　イ．英語の勉強をすること。
　　ウ．いくつかの質問をたずねること。
　　エ．質問に答えること。
4番　なぜトムはパーティで悲しかったのですか。
　　ア．トムが彼のよい友達だったから。
　　イ．彼は毎日英語の勉強をしたから。
　　ウ．折り紙の作り方を知らなかったから。
　　エ．パーティでたった1つの質問にしか答えられなかったから。

こう解く！

1番　タケシが興味を持っているのは**英国**。
2番　タケシは英国に**3週間**滞在した。
3番　メアリーは**折り紙を作って**楽しんだ。
4番　メアリーが日本について質問をしたが，タケシは**1つだけしか答えられなかった**から。

●この発音に注意！

1番　England「イン（グ）ラン（ドゥ）」
2番　three weeks「スリーウィーク（ス）」
3番　making origami「メイキン（グ）」
4番　Takeshi could answer only one question.「オンリーワンクエッション」

●単語と文法をチェック！

be interested in ～「～に興味を持っている」 show ＋ **人** ＋ ～「人に～を教える，説明する」 how to ～「～のやり方」

解答　1番 **ア**　2番 **イ**　3番 **ア**　4番 **エ**

練習問題は次のページにあります ➡

練習問題

☞解答と解説は別冊P.47

基礎

CD2-39

　やや長い英文を聞いて答える問題です。はじめに英文が読まれ，次に英文の内容についての質問があります。それぞれの質問の答えとして最も適切なものをア，イ，ウ，エの中から1つ選び，その記号を書きなさい。本文の英文と質問はそれぞれ2度読まれます。なおア～エの答えの英文は読まれません。（2回）　　〈沖縄県〉

問題1.　ア．New York.
　　　　イ．A Japanese high school.
　　　　ウ．Seattle.
　　　　エ．A bank.

問題2.　ア．Mikiko.
　　　　イ．Mary.
　　　　ウ．Jim.
　　　　エ．Emi.

問題3.　ア．Two times.
　　　　イ．Three times.
　　　　ウ．Four times.
　　　　エ．Five times.

問題4.　ア．To learn American culture.
　　　　イ．To eat SUSHI.
　　　　ウ．To watch baseball games.
　　　　エ．To come back to Seattle again.

問題1 _____

問題2 _____

問題3 _____

問題4 _____

応用

これから英文を最初に2回読みます。その後で，英文の内容について1番から4番まで，英語の質問を2回ずつ読みます。質問の答えとして最も適当なものを，アからエまでの中から1つずつ選んで，その符号を書きなさい。（2回）

★この問題はCDに2回分吹き込まれています。
※この指示文は実際の入試では放送で行われます。

〈大分県〉

1番　ア．Last spring.
　　　イ．After the class.
　　　ウ．Last summer.
　　　エ．In the class.

2番　ア．Because Mr. Yamada lived near her house.
　　　イ．Because Mr. Yamada came to her classroom.
　　　ウ．Because Mr. Yamada told some old stories.
　　　エ．Because Mr. Yamada took pictures forty years ago.

3番　ア．Some beautiful flowers.
　　　イ．The old people's house.
　　　ウ．Old pictures of the town.
　　　エ．His house in the town.

4番　ア．Because she gave Mr. Yamada some flowers.
　　　イ．Because Mr. Yamada showed her some old pictures.
　　　ウ．Because she visited Mr. Yamada's house and talked with him.
　　　エ．Because Mr. Yamada had a good time with the students.

1番 _____
2番 _____
3番 _____
4番 _____

7. 自己紹介

傾向と攻略ポイント

ALTの先生など外国から来た人が生徒に**自己紹介をしている長い英文を聞いて質問に答える問題です**。どこから，いつ来たか，何をしたいかなどポイントを整理しながら聞き取りましょう。

例題

CD2-41

やや長い英文を聞いて答える問題です。はじめに英文を読み，次に英文の内容について質問します。それぞれの質問の答えとして最も適切なものをア，イ，ウ，エの中から1つ選び，その記号を書きなさい。本文の英文と質問をそれぞれ2度読みます。なおア～エの答えの英文は読みあげません。（2回） 〈沖縄県〉

問題1．ア．In Hawaii.　　　　　　イ．In Washington D.C.
　　　　ウ．In New York.　　　　　エ．In California.

問題2．ア．Yes, he does.　　　　　イ．No, he doesn't.
　　　　ウ．Yes, he did.　　　　　 エ．No, he didn't.

問題3．ア．One week ago.　　　　　イ．Two weeks ago.
　　　　ウ．Three weeks ago.　　　エ．Four weeks ago.

問題4．ア．How to study English.
　　　　イ．How to swim.
　　　　ウ．How to play soccer.
　　　　エ．How to enjoy staying in Okinawa.

問題5．ア．One.　　　　　　　　　イ．Two.
　　　　ウ．Three.　　　　　　　　エ．Four.

問題1 ＿＿＿＿＿＿＿
問題2 ＿＿＿＿＿＿＿
問題3 ＿＿＿＿＿＿＿
問題4 ＿＿＿＿＿＿＿
問題5 ＿＿＿＿＿＿＿

放送文

Hello, everyone! I am Sam Green, a new ALT. I was born in Washington, D.C. and went to college in New York. Every summer, I go to see my grandparents in Hawaii. I enjoy swimming there. This year, I stayed there for a week. One of my hobbies is to play sports. I especially like playing soccer. I came to Okinawa two weeks ago. Today, I am going to talk about how to study English. First, I want to say, "Don't be shy." You should not be afraid of making mistakes. Second, think about the world. You live in Japan. It is one of many countries. So, I would like you to

放送文の日本語訳

こんにちは，皆さん。僕はサムグリーン，新しいALTです。問題1 僕はワシントンDCで生まれ，問題2 ニューヨークの大学へ行きました。毎年夏に僕は祖父母に会いにハワイへ行きます。僕はそこで海水浴を楽しみます。今年は，そこに1週間滞在しました。僕の趣味のひとつはスポーツをすることです。僕は特にサッカーをするのが好きです。問題3 僕は2週間前に沖縄に来ました。今日問題4 僕は英語の学び方について話しをします。はじめに，「恥ずかしがらないで」と言いたいです。間違うことを怖がってはいけません。2番目に，世界のことを考えてください。あなたは日本に住んでいます。それは多くの国々のうちのひとつです。ですから，私はあなたたちに

be interested in other countries. Third, let's enjoy English! It is very important and interesting for you to study other languages. I hope that you enjoy studying English with me. Thank you for listening.

問題1. Where was Mr. Green born?
問題2. Did Mr. Green go to college in Hawaii?
問題3. When did Mr. Green come to Okinawa?
問題4. What did Mr. Green talk about?
問題5. How many ideas does Mr. Green have in his talk?

他の国に興味を持ってもらいたいです。問題5 第3に，英語を楽しみましょう。他のことばを学ぶことは，あなたにとってとても大切で，興味深いことです。僕といっしょに英語の勉強をすることを楽しんでもらいたいと思います。ご静聴ありがとう。

問題1　グリーンさんはどこで生まれましたか。
　　　ア．ハワイ。　　　　　イ．ワシントンDC。
　　　ウ．ニューヨーク。　　エ．カリフォルニア。
問題2　グリーンさんはハワイの大学へ行きましたか。
　　　ア．はい，行きます。
　　　イ．いいえ，行きません。
　　　ウ．はい，行きました。
　　　エ．いいえ，行きませんでした。
問題3　グリーンさんはいつ沖縄に来ましたか。
　　　ア．1週間前。　　　　イ．2週間前。
　　　ウ．3週間前。　　　　エ．4週間前。
問題4　グリーンさんは何について話しましたか。
　　　ア．英語の学び方。
　　　イ．泳ぎ方。
　　　ウ．サッカーの仕方。
　　　エ．沖縄での滞在の楽しみ方。
問題5　グリーンさんは話しの中でいくつの考えを持っていますか。
　　　ア．1　　イ．2　　ウ．3　　エ．4

こう解く！

問題1　グリーンさんが生まれたのは**ワシントンDC**。

問題2　グリーンさんはニューヨークにある大学へ行ったのでハワイの大学へは**行っていない**。

問題3　グリーンさんは沖縄に**2週間前**に来た。

問題4　グリーンさんは**英語の学び方**について話している。

問題5　Thirdと言っていることから，3番目のポイントについて最後に話しているのがわかるので，**3つ**。

●この発音に注意！

問題1　born in Washington, DC「ボーニンワシントンディースィー」
問題2　college in New York「カレッヂインニューヨーク」
問題3　two weeks ago「トゥーウィークサゴー」
問題4　how to learn English「ハウトゥーラーニングリッ（シュ）」
問題5　Third「サー（ドゥ）」

●単語と文法をチェック！

ALT（assistant language teacher）「外国語補助教員」　one of ～「～のうちのひとつ」　especially「特に」　shy「恥ずかしい」　be afraid of ～「～を怖がる」

解答　問題1 イ　問題2 エ　問題3 イ　問題4 ア　問題5 ウ

練習問題は次のページにあります ➡

練習問題

☞解答と解説は別冊P.49

基礎

次の英文が通して2回読まれる。その英文を聞いて，内容についての1～4の英語の質問に対する答えとして最も適当なものをア～エの中からそれぞれ1つ選び，その記号を記入する。（2回）★この問題はCDに2回分吹き込まれています。　〈愛媛県〉

CD2-42

1　ア．He was 5 years old.
　　イ．He was 12 years old.
　　ウ．He was 14 years old.
　　エ．He was 36 years old.

2　ア．His teacher did.
　　イ．His mother did.
　　ウ．Mary did.
　　エ．Mary's husband did.

3　ア．Because he wanted to teach English in New York.
　　イ．Because he wanted to talk about many things in English.
　　ウ．Because he couldn't enjoy his English classes in New York.
　　エ．Because he couldn't say anything about the basketball game in English.

4　ア．He wants them to talk about something they like in English.
　　イ．He wants them to have many friends at school.
　　ウ．He wants them to go to New York to have a good experience.
　　エ．He wants them to enjoy playing basketball.

1. _____
2. _____
3. _____
4. _____

ALTのMs. Brownが行なったスピーチを聞いて，その内容に対する(1)〜(3)の質問の答えとして最も適切なものを，ア〜エの中から1つずつ選び，その記号を書きなさい。(2回)

※この指示文は実際の入試では放送で行われます。

〈埼玉県〉

(1) Question 1

　　ア．One.

　　イ．Two.

　　ウ．Three.

　　エ．Four.

(2) Question 2

　　ア．To practice with Japanese friends.

　　イ．To speak only in English.

　　ウ．To understand English.

　　エ．To teach how to speak English.

(3) Question 3

　　ア．She read them again and again.

　　イ．She went to bed at ten thirty.

　　ウ．She bought many interesting books.

　　エ．She talked to people in other countries.

(1) _____

(2) _____

(3) _____

8. 旅行・体験

傾向と攻略ポイント

旅行での出来事やボランティア活動の体験などに関する長めの英文を聞いて質問に答える練習です。いつ，どこへ行って，何をしたかなど5W1Hに関するポイントをメモしながら聞きましょう。

例題

これから，日本に留学しているマーク（Mark）が，ボランティア活動の体験について話をします。続いて，その内容について英語で質問をします。(1)，(2)，(3)の質問に対する最も適当な答えを，それぞれア，イ，ウ，エのうちから1つずつ選んで，その記号を書きなさい。（2回）

CD2-44

※この指示文は実際の入試では放送で行われます。

〈岩手県〉

(1) ア．In America.　　イ．In Australia.
　　ウ．In Canada.　　エ．In China.

(2) ア．He cleaned the river with his friends.
　　イ．He cleaned the parks near his school.
　　ウ．He cleaned the street in front of his house.
　　エ．He cleaned the gardens for some old people.

(3) ア．Working hard with old people may be exciting.
　　イ．Doing small things can help many other people.
　　ウ．Doing something for his friends is very important.
　　エ．Cleaning the streets makes other people very happy.

(1) _____
(2) _____
(3) _____

放送文

Last fall I did some volunteer work with my friends in Canada. Some old people live near my house, and they have big gardens. In the fall, a lot of leaves fell from the trees and the leaves covered their gardens. It was very hard for these old people to clean their gardens, so we helped them. When we finished cleaning and saw their beautiful gardens, we were all very happy. After that, we enjoyed talking with the old people. They all thanked us a lot.

放送文の日本語訳

去年の秋，僕は(1)カナダで友達といっしょにボランティア活動をしました。僕の家の近くにお年寄りが住んでいて，彼らは広い庭を持っています。秋には，たくさんの葉が木から落ち，葉が彼らの庭を覆います。(2)お年寄りにとって庭をきれいにすることはとても大変なので，僕たちは彼らの手伝いをしました。僕たちがそうじを終えてきれいな庭を見たとき，僕たちは皆うれしかった。その後，僕たちはお年寄りと話をして楽しんだ。彼らは皆僕たちに感謝した。

We can help many people around us by doing small things. I learned that from my volunteer work.

　Why don't you do some volunteer work with your friends?

(1) Where did Mark do his volunteer work?
(2) What kind of volunteer work did Mark do?
(3) What did Mark learn from his volunteer work?

僕たちは(3)小さなことをすることで周りの人々を手助けすることができます。僕はそれをボランティア活動から学びました。
　友達とボランティア活動をしてはどうですか。

(1) マークはどこでボランティア活動をしましたか。
　ア．米国で　　　　イ．オーストラリアで
　ウ．カナダで　　　エ．中国で
(2) マークはどのようなボランティア活動をしましたか。
　ア．友達と川をきれいにした。
　イ．学校の近くの公園をそうじした。
　ウ．家の前の道路を掃除した。
　エ．お年寄りのために庭の掃除をした。
(3) マークはボランティア活動から何を学びましたか。
　ア．お年寄りと一生懸命に働くことは楽しい。
　イ．小さなことをすることで多くの人々を助けることができる。
　ウ．友達のために何かをすることはとても大切だ。
　エ．道路を掃除することは他の人々を幸せにする。

こう解く！

(1) マークがボランティア活動をしたのは**カナダ**。
(2) マークのボランティア活動は，**お年寄りの家の庭の枯れ葉掃除を手伝うこと**。
(3) マークはボランティア活動から**小さなことをすることで多くの人を手助けできる**ということを学んだ。

●**この発音に注意！**
(1) Canada「カナダ」ではなく「キャナダ」
(2) clean their gardens「クリーンデアガーデンズ」
(3) help many people around us by doing small things「アラウンダス」「ドゥイン（グ）」

●**単語と文法をチェック！**
　volunteer work「ボランティア活動」　leaf-leaves「葉」　cover「覆う」　finish ～ing「～するのを終える」　thank + 人「人に感謝する」　why don't you *do* ～?「～してはどうですか」

解答　(1) **ウ**　(2) **エ**　(3) **イ**

練習問題は次のページにあります ➡

練習問題

☞ 解答と解説は別冊 P.52

基礎

英語の授業で、中学生の昌子 (Masako) さんが「思い出の写真」を見せながらスピーチをしています。その内容について質問しますから、その答えとして最も適切なものを、ア、イ、ウ、エから1つずつ選び、その符号を書きなさい。（2回）

※この指示文は実際の入試では放送で行われます。

〈石川県〉

CD2-45

[昌子 (Masako) さんが英語の授業で見せた写真]

No.1 　ア．Two days.

　　　イ．Three days.

　　　ウ．Four days.

　　　エ．Five days.

No.2 　ア．Talking for four hours.

　　　イ．Taking pictures of the rising sun.

　　　ウ．Seeing beautiful flowers.

　　　エ．Walking with the old woman.

No.3 　ア．She wants to go to Osaka to meet the old woman.

　　　イ．She wants to exchange letters with her friend.

　　　ウ．She wants to take pictures of mountain flowers.

　　　エ．She wants to visit Mt. Hakusan with the old woman.

No.1 _____

No.2 _____

No.3 _____

108

応用

ALTのMr. Parkerはアフリカ(Africa)のある中学校を訪問しました。日本に戻った後,彼が学校で行ったスピーチを聞いて,その内容に対する(1)〜(3)の質問の答えとして最も適切なものを,ア〜エの中から1つずつ選び,その記号を書きなさい。

(2回)　※この指示文は実際の入試では放送で行われます。　〈埼玉県〉

(1) Question 1

　ア．Every year.

　イ．This winter.

　ウ．Two hours.

　エ．Some day.

(2) Question 2

　ア．About five.

　イ．About twenty.

　ウ．About one hundred.

　エ．About two hundred.

(3) Question 3

　ア．She wants to study with her own textbook.

　イ．She wants to be a friend with a Japanese student.

　ウ．She wants to be a teacher at that school.

　エ．She wants to work with her mother every day.

(1) _____

(2) _____

(3) _____

9. ニュース

傾向と攻略ポイント

ニュースを聞いて質問に答える問題です。いつ，どこで，何が起こったなど，どのような出来事が伝えられているか，要点をメモしながら聞きましょう。

例題　ここでは，日本の中学生がアメリカの中学校を訪問して，その学校の説明を聞いています。続いて，その内容について質問しますから，その答えとして最も適切なものを，ア，イ，ウ，エから1つずつ選び，その符号を書きなさい。(2回) 〈石川県〉

CD2-47

No.1　ア．A student who comes from Japan.
　　　イ．A student who shows people around her school.
　　　ウ．A teacher who teaches the Japanese language.
　　　エ．A teacher who teaches Japanese students.

No.2　ア．There are 10 computers.　　イ．There are 20 computers.
　　　ウ．There are 30 computers.　　エ．There are 50 computers.

No.3　ア．They are going to do their homework.
　　　イ．They are going to study at library.
　　　ウ．They are going to see the computer room.
　　　エ．They are going to visit another school.

No.1 ＿＿＿＿＿

No.2 ＿＿＿＿＿

No.3 ＿＿＿＿＿

放送文

　Good morning. Welcome to Lincoln Junior High School. My name is Nancy Brown. I am a student at this school. Today I'll show you around our school. Right now, we are in the school library. This library has over 10,000 books. We also have 20 computers in the library. We have two other computer rooms, a big one and a small one. The small one is next to this library. It has 30 computers. We can use them in our classes or for homework. The big computer room is in the next building. That room has 50 computers and they are used for language learning. I study Japanese there.

　Are there any questions? (pause) Good. Then, let's move on to the next building. I will show you how I learn Japanese language in the computer room. OK? Let's go. *Ikimasho.*

放送文の日本語訳

　おはようございます。リンカーン中学校へようこそ。私の名前はナンシーブラウンです。No.1 <u>私はこの中学の生徒です</u>。今日は，私がみなさんをこの学校内へご案内します。ただ今私たちは図書館にいます。この図書館には一万冊以上の本があります。さらにはNo.2 <u>コンピューターも20台あります</u>。またもう2部屋コンピューター室があり，大きな部屋と小さな部屋があります。小さな部屋はこの図書館のとなりです。そこには30台のコンピューターがあります。これらのコンピューターは授業や宿題用に利用されます。大きなコンピューター室はとなりの建物の中にあります。その部屋には50台のコンピューターがあり，語学学習のために使われています。私は今日本語を習っています。

　何か質問はありますか。(ポーズ) よろしいですね。それでは，No.3 <u>となりの建物へ移動しましょう。私がコンピューター室でどのように日本語を学んでいるかお見せしましょう</u>。いいですか。行きましょう。

Questions:
No.1 Who is Nancy Brown?
No.2 How many computers are there in the library?
No.3 What are they going to do after visiting the library?

問1 ナンシーブラウンは誰ですか。
　ア．日本から来た生徒。
　イ．人々に学校の案内をしている生徒。
　ウ．日本語を教えている先生。
　エ．日本人の生徒を教えている先生。
問2 図書館にはコンピューターが何台ありますか。
　ア．10台のコンピューターがあります。
　イ．20台のコンピューターがあります。
　ウ．30台のコンピューターがあります。
　エ．50台のコンピューターがあります。
問3 図書館を訪れた後彼らは何をするでしょうか。
　ア．彼らは宿題をするでしょう。
　イ．彼らは図書館で勉強するでしょう。
　ウ．彼らはコンピューター室を見に行くでしょう。
　エ．彼らは他の学校を見に行くでしょう。

こう解く！

問1　ナンシー・ブラウンはこの中学校の生徒で，日本の中学生に彼女の学校を紹介しているので**イ**が正しい。

問2　図書館には**20台**のコンピューターがある。

問3　図書館の後は，となりの建物へ移動し，コンピューターを使ってどのように日本語を学んでいるか見せるといっているので，となりの建物にあるコンピューター室へ行くから**ウ**が正解。

●この発音に注意！

問1　I am a student at this school. がポイントである。「スチューデン（トゥ）」

問2　We also have 20 computers in the library. の中から台数を表すtwentyを聞き逃さない。「トゥエンティ」

問3　let's move on to the next building. I will show you how I learn Japanese language in the computer room.「ムーボントゥダネクス（トゥ）ビルディン（グ）」の部分がポイントなので，注意して聞く。

●単語と文法をチェック！

show ＋ 人 ＋ 場所「人を場所へ案内する」　over ～「～以上の」　next to ～「～のとなり」
language learning「語学学習」　move on to ～「～へ移動する」

解答　問1 イ　問2 イ　問3 ウ

練習問題は次のページにあります ➡

練習問題

☞ 解答と解説は別冊P.54

基礎

CD2-48

ある中学校では，月曜日に英語で校内ニュースを放送しています。これから放送される校内ニュースを聞いた後で，内容について①から③まで3つの質問をします。質問の答えを，それぞれア，イ，ウ，エから1つずつ選んで記号を書きなさい。英文と質問は通して2回言います。（2回）

※この指示文は実際の入試では放送で行われます。　　　　　　　　　〈秋田県〉

① ア．On Monday.
　 イ．On Tuesday.
　 ウ．On Wednesday.
　 エ．On Sunday.
② ア．Japan and Australia.
　 イ．Japanese and Japanese sports.
　 ウ．Japan and Japanese food.
　 エ．Japanese and Japanese teachers.
③ ア．It will rain.
　 イ．It will be cloudy.
　 ウ．It will snow.
　 エ．It will be sunny.

① _____
② _____
③ _____

応用

CD2-49

〈Question 1〉，〈Question 2〉に対する答えをそれぞれの英語で書きなさい。
　これから聞く英語は，ニュース番組の一部です。
　あとから，英語による質問が2つ出題されます。質問に対する答えを英語で書きなさい。なお，それぞれの質問のあとに，15秒程度，答えを書く時間があります。（2回）

※この指示文は実際の入試では放送で行われます。　　　　　　　　　〈東京都〉

Question 1 _____

Question 2 _____

英語の音③
イントネーション

　文中や文末の抑揚，つまり音の上昇，下降を**イントネーション**といいます。これは句読点のように文の意味を左右する力を持ち，話者の感情などを表すことができます。通常の平叙文，命令文，感嘆文，WHの疑問詞を用いた疑問文では下降調（↘），YesやNoで答えられる一般疑問文は，上昇調（↗）になります。

a. 下降調の例

CD1-87

平叙文…He is a student.（↘）
「彼は学生です」

命令文…Give me some paper.（↘）
「紙を私にください」

感嘆文…How cute she is!（↘）
「彼女はなんてかわいいのでしょう」

WHの疑問文…What did you do last night?（↘）
「あなたは昨夜何をしましたか」

b. 上昇調の例

CD1-88

Yes / Noで答える疑問文…Do you like tennis?（↗）
「あなたはテニスが好きですか？」

選択疑問文…Would you like rice（↗）or bread?（↘）
「あなたはお米が好きですか，それともパンですか」

c. イントネーションの違いで意味が異なる例

CD1-89

I'm sorry.（↗）「すみません」（人を呼び止める）

I'm sorry.（↘）「ごめんなさい」（謝罪している）

7 応答文を答える問題

1. 何と答えるか？

傾向と攻略ポイント

短い文を聞き，最後のことばに対する応答を選ぶ問題です。 どのように答えると話が論理的に展開するか，つじつまが合うか，また慣用的な表現に対する答え方などさまざまなことをヒントに考えましょう。

例題

これは英文を聞き取り，その内容について英語の質問に答える問題です。
まず，英文を読み，続けて質問文を読みます。質問の答えとして読まれるa，b，c，dの中から，最も適当な答えを1つずつ選び，その記号を書きなさい。問題は3問あります。英語は2回ずつ読みます。（2回）★この問題はCDに2回分吹き込まれています。

〈山梨県〉

CD2-50

No.1 _____   No.2 _____   No.3 _____

放送文

No.1 Your friend says, "I really like soccer." Your favorite sport is soccer. What do you say?
a. Here you are.   b. Me, too.
c. Good morning.   d. You're welcome.

No.2 You are in a store. You find a beautiful bag. You want to know the price. What do you say?
a. How many bags do you have?
b. What is this?
c. How much is this?
d. How long is it?

No.3 You meet your friend after school. She looks sad. What do you say?
a. Thank you.   b. Nice to meet you, too.
c. I'm OK.   d. What's wrong?

放送文の日本語訳

No.1 友達が「僕は本当にサッカーが好きなんだ」と言いました。あなたの好きなスポーツはサッカーです。あなたは，何と言いますか。
a. はいどうぞ。   b. 僕もです。
c. おはよう。   d. どういたしまして。

No.2 あなたはお店にいます。きれいなカバンを見つけました。値段を知りたいです。あなたは，何と言いますか。
a. いくつカバンがありますか。
b. これは何ですか。
c. これはいくらですか。
d. これはどのくらいの長さですか。

No.3 あなたは放課後友達に会いました。彼女は悲しそうです。あなたは，何と言いますか。
a. ありがとう。   b. 私もお会いできて光栄です。
c. 私は大丈夫よ。   d. どうしたの。

こう解く！

No.1 私もサッカーが好きですと答えるためには，「私もです」という**b**が正しい。

No.2 お店で値段を聞きたいときに使う表現は，How muchで「いくらですか」という質問ができるので，**c**がよい。

No.3 放課後友達にあったら悲しそうな顔をしていたということは「どうしたの」と心配するべきなので，**d**が正しい。

● **この発音に注意！**
各問でキーワードとなる次のことばの発音に注意。
soccer [sákər], price [práis], sad [sæd]

● **単語と文法をチェック！**
really「本当に」 favorite「お気に入りの」 after school「放課後」 sad「悲しい」

解答 No.1 **b** No.2 **c** No.3 **d**

練習問題

☞ 解答と解説は別冊P.56

基礎 2つの場面AとBを説明した英文を聞いて、それぞれの質問に対する答えとして最も適するものを、ア～エから1つずつ選びなさい。（2回） 〈徳島県〉

★この問題はCDに2回分吹き込まれています。

CD2-51

場面A
  ア．At 7:00.   イ．At 7:10.   ウ．At 7:20.   エ．At 7:30.

場面B
  ア．You're welcome.   イ．How much is it?
  ウ．May I help you?   エ．I'll take it.

場面A _____   場面B _____

応用 これから「ある場面」を英語で説明します。Hideoがその場面で話す英文として最も適切なものを、ア～エの中から1つずつ選びなさい。（2回） 〈埼玉県〉

★この問題はCDに2回分吹き込まれています。

CD2-52

問題1　ア．Can I help you?
　　　　イ．Will you say that again?
　　　　ウ．Shall we go now?
　　　　エ．Did you hear me?

問題2　ア．I'm going out. Can you answer the telephone?
　　　　イ．She's not at home. Shall I take a message?
　　　　ウ．Hello. May I speak to Ms. Brown?
　　　　エ．Excuse me. May I use your telephone?

問題1 _____   問題2 _____

2. 英作文で答える問題①

傾向と攻略ポイント

簡単な質問に対する答えを英語で作文して答える問題です。疑問詞，時制などからどのような答えが適切か，判断できるヒントを見つけましょう。

例題　これから放送する質問に対して，あなた自身の答えを英文で書きなさい。質問は2回放送します。必要があれば，メモを取ってもかまいません。（2回）

※この指示文は実際の入試では放送で行われます。　〈広島県〉

CD2-53

放送文
Question : What did you do last weekend?

放送文の日本語訳
問：あなたは先週末何をしましたか。

こう解く！
先週末何をしたか聞かれているので，動詞が過去形になることに注意。簡単な単語でかまわないので，スペルを間違えることなく，答えを書くように。

●この発音に注意！
last weekend「ラス(トゥ)ウィーケン(ドゥ)」

解答例　I went shopping with my friends.
I studied English at home.

練習問題

☞解答と解説は別冊 P.57

基礎

ビル先生の話と質問を聞いて，英語で答えなさい。（2回） 〈富山県〉

CD2-54

I like [　　　　　　　　]

because [　　　　　　　　　　　　　　　　　　　　　].

応用

これから，JaneとTakeshiの対話とそれに関する質問が流れます。対話と質問は，No.1とNo.2の2つあります。それを聞き，それぞれの質問に対する答えを，書き出しに続けて英語で書きなさい。（2回） 〈群馬県〉

★この問題はＣＤに２回分吹き込まれています。

CD2-55

No.1 He _____

No.2 She _____

3. 英作文で答える問題②

傾向と攻略ポイント

短い会話を聞き，その最後の応答を英語で作文する問題です。会話の流れからどのように答えるのが自然か，論理的か判断して，答えを作りましょう。簡単な英語でよいのでスペルなどに気をつけて，作文しましょう。

例題 これから，KeikoとALTのSmith先生との対話を放送します。その中で，Smith先生が最後にKeikoに質問をしています。Keikoに代わってあなたが思いつく答えを英文で書きなさい。英文を書く時間は1分間です。（2回） 〈鹿児島県〉

CD2-56

放送文

Keiko: Hello, Mr. Smith.
Mr. Smith: Hi, Keiko. Why are you smiling? Did something good happen?
Keiko: Yes, that's right.
Mr. Smith: What is it?

放送文の日本語訳

ケイコ：こんにちは，スミスさん。
スミス：やあ，ケイコ。何で笑ってるの。何かいいことがあったの。
ケイコ：ええ。その通りです。
スミス：何があったの。

こう解く！

笑っているのは，何かうれしいことがあったからであろう。プレゼントをもらった，何かいいことがあったなど想像力を働かせ，自分にとってうれしいことについて，簡単な英文を書いてみよう。

● **この発音に注意！**
something good「サムスィングッ（ドゥ）」と[g]が同化し，[d]は脱落する。
● **単語と文法をチェック！**
smile「ほほえむ，笑う」

解答例 My father bought me new clothes.
I have a new boy friend.

練習問題

☞解答と解説は別冊P.58

基礎

これから，ALTのWhite先生と中学生のKentaの対話が流れます。
それを聞いて，あなたがKentaなら，対話の最後に何といいますか。英語で書きなさい。（2回）　〈群馬県〉

CD2-57

Ms. White：・・・・・・

Kenta：・・・・・・

Ms. White：・・・・・・

Kenta：・・・ _____

応用

ジェニーさんと孝さんとの会話で，孝さんの応答の部分でチャイムを2回鳴らします。会話の流れに合うよう，この応答の部分に，適当な英文を2つ書きなさい。ただし，それぞれ3語以上の英文とします。（2回）　〈滋賀県〉

CD2-58

8 英文のまとめを穴埋めで完成する問題

1. スピーチの内容のまとめを穴埋めで完成する問題（英語）

傾向と攻略ポイント

やや長めのスピーチを聞き，英語で要点を穴埋めする問題です。 英文に出てくることばがキーワードとなりますので，カタカナでもかまわないのでメモをとり，答えに利用しましょう。

例題 Keikoが先週の出来事について話をしています。その話を聞いて，下の表の(A)～(D)に，話の中で用いられた英語1語を入れなさい。（2回） 〈山口県〉

CD2-59

Monday	Keiko played tennis with her friends.
Tuesday	Keiko practiced the (A) for two hours.
Wednesday	Keiko (B) a book about a famous scientist.
Thursday	Keiko went to the English (C).
Friday	Keiko was very (D) to get a letter from her friend.

A _____ B _____ C _____ D _____

放送文

　I did many things last week. On Monday, I played tennis with my friends in the park. It was exciting. On Tuesday, I practiced the piano for two hours in my room. On Wednesday, I bought a book about a famous scientist. On Thursday, I went to the English club and learned a new English song. On Friday, I got a letter from my friend. She lives in Osaka. I was very glad.

放送文の日本語訳

　私は先週多くのことをしました。月曜日は公園で友達とテニスをしました。おもしろかったです。火曜日には自分の部屋で2時間A ピアノの練習をしました。水曜日は，有名な科学者に関するB 本を買いました。木曜日，C 英語クラブへ行って，新しい英語の歌を習いました。金曜日は友達から手紙が届きました。彼女は大阪に住んでいます。私はとてもD うれしかったです。

こう解く！

- (A) 火曜日には2時間**ピアノ**の練習をした。
- (B) 水曜日，ケイコは有名な科学者に関する本を**買った**。boughtのghを伴った不規則なスペルに注意。
- (C) 木曜日は英語**クラブ**へ行った。clubはuでaではない。
- (D) 金曜日に友達から手紙が届き**うれしかった**。

● **この発音に注意！**
(A) piano「ピアノ」日本語と異なりアクセントは第2音節の「ア」にある。
(B) bought「ボウ（トゥ）」と語尾の[t]が脱落する。
(C) club「クラブ」[b]が弱く発音される。
(D) glad「グラッ（ドゥ）」の語尾[d]が脱落。

● **単語と文法をチェック！**
exciting「わくわくする」 glad「うれしい」

解答 (A) piano (B) bought (C) club (D) glad

練習問題

☞解答と解説は別冊P.59

基礎

CD2-60

英語クラブのメンバーのTaroは，ALTのGreen先生の話を聞いてその内容を英語でまとめました。これから，その時のGreen先生の話を放送しますので，Taroがまとめた英文の（ ① ）には数字を表す英語1語を，（ ② ）には適切な英語1語を書きなさい。（2回） 〈茨城県〉

〔Taroがまとめた英文〕

Ms. Green visited （ ① ） cities last December. She heard a sad story about Hiroshima from her sister. Now she thinks it is important for us to keep the （ ② ） of the world.

① _____ ② _____

応用

CD2-61

これから読む英文は，明子が英語の授業で，あることについて発表したものです。英文を聞きながら，①から⑤の英文の空欄に入る最も適当な英語1語を書きなさい。英文は2回くり返します。（2回）

※この指示文は実際の入試では放送で行われます。 〈福島県〉

① Akiko went hiking and visited Lake Asahi last (　　　).
② During lunch, Akiko tried to speak English. It was a lot of (　　　) for her.
③ When Naomi went hiking, she wore a (　　　) sweater.
④ Akiko is standing (　　　) Keiko and Naomi in the picture.
⑤ Akiko will go to Mt. Heiwa for birdwatching next (　　　).

① _____ ② _____ ③ _____

④ _____ ⑤ _____

2. 放送・アナウンスのまとめを穴埋めで完成する問題（日本語）

傾向と攻略ポイント

放送やアナウンスを聞いて質問に答える問題です。 いつ，どこで，何が起こったなど，どのような出来事が伝えられているか，要点をメモしながら聞きましょう。

例題

ある学校では，毎週1回英語で校内ニュースを放送しています。ある日の校内ニュースを2回放送します。次の文は，その内容をまとめたものです。（ ア ）～（ オ ）のそれぞれにあてはまる日本語または数字を書きなさい。(2回) 〈和歌山県〉

CD2-62

○カナダから（ ア ）名の生徒がこの学校を訪れた。
○カナダから来た生徒たちは（ イ ）を作って楽しんだ。
○野球部員は（ ウ ）の周辺を掃除した。
○音楽部員は（ エ ）曜日に，（ オ ）にいるお年寄りを訪ねた。

ア＿＿＿＿＿＿　イ＿＿＿＿＿＿＿＿＿　ウ＿＿＿＿＿＿＿
エ＿＿＿＿＿＿　オ＿＿＿＿＿＿＿＿＿

放送文

Good afternoon. It's time for our English news. I'm Keiko. I'm in the English club. I'll tell you the news of this week.

On Monday, three students from Canada came to our school. They are fifteen years old. They visited our club and talked a lot about their country. After that, they enjoyed making Japanese food with us. We had a good time.

On Wednesday, the members of the baseball club cleaned many places around the station. They cleaned for two hours. Some people in the town smiled and said, "Thank you." They were very happy to hear that. On the same day the members of the music club visited the old people at the hospital. They played the guitar for them. Doing good things makes people happy.

Thank you for listening. Please listen to our English news next Friday!

放送文の日本語訳

こんにちは。英語ニュースの時間です。私はケイコです。私は英語部に所属しています。今週のニュースをお伝えします。

月曜日，カナダからア3人の生徒が私たちの学校へ来ました。彼らは15歳です。彼らは私たちのクラブへ来て，彼らの国についてたくさん話してくれました。その後，彼らは私たちといっしょにイ日本の食べ物を作って楽しみました。私たちはとても楽しかったです。

水曜日，野球部員がゥ駅の周りのいろいろな場所を掃除しました。彼らは2時間掃除をしました。町の人々の中には笑顔で「ありがとう」という人がいました。彼らはそれを聞いてうれしかったです。ェ同じ日，音楽部員がォ病院へお年寄りを訪ねました。彼らはギターを弾きました。よいことをすることは人々を幸せにします。

お聞きいただきありがとうございました。次の金曜日も私たちの英語ニュースをお聞きください。

こう解く！

ア．カナダから**3**名の生徒が来た。
イ．彼らは，英語部員と**日本の食べ物**をいっしょに作って楽しんだ。
ウ．野球部員は水曜日に**駅**周辺の掃除をした。

エ．オ．on the same day=Wednesday なので，音楽部員が**病院**へお年寄りを訪ねたのは**水曜日**。

●**この発音に注意！**
ア．three students「スリースチューデン（ツ）」
イ．making Japanese food「メイキン（グ）ジャパニーズフー（ドゥ）」
ウ．around the station「アラウンダステイシュン」
エ．on the same day「オンダセイムディ」
オ．the old people at the hospital 母音の前のtheは「ジィ」となる。「アッダホスピタ（ル）」

●**単語と文法をチェック！**
make＋人＋形容詞　人を～にする

解答例 ア．3　イ．日本の食べ物　ウ．駅　エ．水　オ．病院

練習問題

☞解答と解説は別冊P.60

基礎
CD2-63

ここでは，オーストラリアでホームステイをして間もない佳子（Yoshiko）さんが，先生の話を聞いています。メモは，先生の話を聞いて佳子さんが書いたものですが，一部が空欄になっています。放送を聞いて，ア，イ，ウのそれぞれの空欄にあてはまる日本語を書き，メモを完成させなさい。（2回）　〈石川県〉

佳子（Yoshiko）さんが書いたメモ

- レポートに書く動物の数――（　ア　）
- レポートに書くこと――住んでいる場所，（　イ　），食べ物
- 宿題をするときに最も大切なことは（　ウ　）
- 図書館やインターネットを利用してもよい

ア＿＿＿＿＿　イ＿＿＿＿＿　ウ＿＿＿＿＿

応用
CD2-64

これから，ボランティア活動への参加を呼びかけた，ある町のラジオ放送が流されます。その放送を聞いて，次のA～Gの（　）の中に入る日本語（数字を含む）を書きなさい。（2回）　〈新潟県〉

- （　A　）月10日にセントラル公園の清掃をする。
- （　B　）人のボランティアを募集している。
- 当日は8時にセントラル駅に集合し，みんなで（　C　）に乗って公園に行く。
- 昼食を持参する。（　D　）は持参する必要なし。
- 解散場所は（　E　）である。
- 雨天の場合は公園には行かず，（　F　）をする。
- 問い合わせ先の電話番号は，814-736-（　G　）。

A＿＿＿＿　B＿＿＿＿　C＿＿＿＿　D＿＿＿＿
E＿＿＿＿　F＿＿＿＿　G＿＿＿＿

9 英文を聞きとる問題

1. 英文を聞きとり書きとる問題

傾向と攻略ポイント

放送される英文の一部またはすべてを書きとる問題です。きちんと音を聞き分けるばかりでなく，正確なスペル，aやtheの冠詞，複数形のsなど細かなことにも注意しましょう。

例題

英文を聞いてその英語をそのまま正しく書き取る問題です。これから英文を読みます。第一文を聞いた後，第二文を英語で正しく書き取りなさい。英文は連続して3回繰り返します。では，始めます。★この問題はCDに3回分吹き込まれています。

※この指示文は実際の入試では放送で行われます。　　　　　　　　　　　〈三重県〉

CD2-65

（第一文）This bag is small.

（第二文）_____

放送文	放送文の日本語訳
This bag is small. Please show me a bigger one.	このカバンは小さいです。 もう少し大きいのを見せてください。

こう解く！

可算名詞の前にはaを忘れない
biggerのスペルは，gが2つ。
oneはbagを指すことば。

●この発音に注意！
　a bigger oneという音の連続に注意。「アビッガーワン」

解答 Please show me a bigger one.

練習問題

☞解答と解説は別冊 P.61

基礎

CD2-66

ニュースを聞いて，英文の空欄ア，イ，ウに聞きとった英語を書き入れる問題です。書き入れる英語は1語とは限りません。英文は2回読みます。★この問題はCDに2回分吹き込まれています。

※この指示文は実際の入試では放送で行われます。　　　　　　　　　　　　　〈兵庫県〉

It's time for Hyogo News Today. Ten high school students from China came to Hyogo last ア[　　　　　　], Today they enjoyed イ[　　　　　　] with Japanese students at Minato High School. The students said they had a good time together and they were ウ[　　　　　　　　　　　　　　　　].

応用

CD2-67

（　）内に必要な文を書きとり，読まれた短い文章を完成させなさい。
英文はそれぞれ2回ずつ放送されます。★この問題はCDに2回分吹き込まれています。

〈筑波大附属駒場高校〉

1. This CD is really great! (　　　　　　　　　　　　　　　)?

2. You're always smiling. (　　　　　　　　　　　　　　　)?

MEMO

MEMO

●著者紹介

宍戸 真（ししど まこと）
博士（学術）。国際基督教大学大学院教育学研究科修了。東京電機大学情報環境学部教授。『大学入試問題正解英語リスニング問題：国公立大編，私立大編』（旺文社）の解説執筆を担当。主な著書に『センター試験英語リスニング対策：総仕上げ編』（旺文社）『明日を見つめて―科学・社会・自然』『Effective Reading』（成美堂）などがある。

- ●写真提供：アメリカンハウス，石川県東京事務所
- ●編集協力：㈲アートマン
- ●イラスト：よしのぶ もとこ
- ●録音：爽美録音
- ●日本語ナレーション：守屋政子
- ●英語ナレーション：クリス・コプロフスキー，ルミコ・バーンズ

シグマベスト
**高校入試スーパーゼミ
英語リスニング**

本書の内容を無断で複写（コピー）・複製・転載することは，著作者および出版社の権利の侵害となり，著作権法違反となりますので，転載等を希望される場合は前もって小社あて許諾を求めてください。

Ⓒ 宍戸真　2008　　Printed in Japan

著　者	宍戸　真
発行者	益井英郎
印刷所	株式会社　天理時報社
発行所	株式会社　**文英堂**

〒601-8121　京都市南区上鳥羽大物町28
〒162-0832　東京都新宿区岩戸町17
（代表）03-3269-4231

●落丁・乱丁はおとりかえします。

Σ BEST
シグマベスト

高校入試
スーパーゼミ
英語リスニング

解答と解説

文英堂

第1章 会話文を聞いて答える問題

1 イラストや図表を使った問題（会話文）

1. 何をしているか

基礎

解答 1番 ウ　2番 エ

放送された英文
1番　A: Shall I carry your books?
　　　B: Yes, please.
2番　A: What would you like to drink?
　　　B: Tea, please.

日本語訳
1番　A：本を運びましょうか？
　　　B：はい。お願いします。
2番　A：お飲み物は何にしますか。
　　　B：紅茶をください。

解説
1番…carry your booksがキーワードなので、本を運んでいるイラストが正解。
2番…drinkをキーワードに考えるとともに、What would you like to drink?という表現からもレストランや喫茶店であることがわかる。

発音
What「ゥワッ(ト)」は、語尾の[t]が脱落する。would you [d]と[y]が連結して[ウッジュ]となるのに注意。carry your [キャリヤ]となる連結やdrinkの語尾[k]の脱落に注意。

単語・文法
carry「運ぶ」　Shall I ~?「~しましょうか」　tea「紅茶」

応用

解答 ②

放送された英文
Taro's mother: What did you do today, Taro?
Taro: I cleaned the park with my friend.

日本語訳
母：太郎、今日は何をしたの？
太郎：友達と公園のそうじをしたんだ。

解説
キーワードはcleaned the parkなので、聞き逃さない。そうじをしている様子は②が正しい。

発音
did you [d]と[y]が連結し「ディッジュ」、cleaned the [d]と[th]が同化して「クリーンダ」となる。

単語・文法
clean「そうじをする」

2. 乗り物に関する会話

基礎

解答 エ

放送された英文
A: Excuse me. Could you tell me which bus goes to City Hospital?
B: Sure. Take Bus No.5. It will leave soon.

日本語訳
A：すみません。どのバスが市立病院へ行くか教えてくれませんか。
B：いいですよ。5番のバスに乗ってください。もうじき発車ですよ。

解説
Hospitalと5(five)がキーワードなので、行き先は市立病院で、番号が5番を選ぶと「エ」が正しい。

発音
Could you tell me「クッジュテルミ」となる。

単語・文法
Could you tell me ~?「~を教えてくれませんか」　which bus「どのバスが~ですか？」　sure「いいですよ(yesの意味)」　take「利用する、乗る」　leave「出発する」

応用

解答 ウ

放送された英文
A: How are you going to the baseball game tomorrow, Kazuo?
B: Well, I'll go by bus or by train. How will you get to the stadium, Mary?

A: My father will take me there by car. Do you want to come with us?
B: Oh, yes. Thank you.
Question: How is Mary going to get to the stadium?

日本語訳

A：明日の野球の試合にはどうやって行く，カズオ。
B：そうだね，バスか電車で行くよ。君はどうやって球場へ行くの，メアリー。
A：<u>お父さんが車で連れて行ってくれるの。あなたもいっしょに来たい。</u>
B：ああ，いいよ。ありがとう。
問：メアリーはどうやって球場へ行くでしょうか。

解説

カズオは初め，バスか電車で球場へ行くつもりでいたが，メアリーはお父さんが車で連れて行ってくれるから，いっしょに来ないかと誘われている。つまり，メアリーは車で球場へ行く。

発音

by car がキーワードなので，聞き逃さない。

単語・文法

stadium「球場」 take「連れて行く」 get to = go to「～へ行く」

3. 日付を聞きとる問題

基礎

解答 ア

放送された英文

Kenta: When is your birthday, Lucy?
Lucy: It's April thirteenth, Kenta.
Kenta: Oh, really? My birthday is the thirteenth, too, just a month before yours!

日本語訳

健太：誕生日はいつ，ルーシー？
ルーシー：4月13日よ，ケンタ。
健太：え，ほんと。僕の誕生日も君の<u>1か月前の</u>13日だよ。

解説

ルーシーの誕生日は4月13日，ケンタはその1か月前の同じ13日なので，3月13日となる。

thirtéen と thírty のアクセントの位置の違いに注意。

発音

When is your「ゥエンニジュア」となる連結，a month の a に注意。

単語・文法

really「本当に」 just「わずか，たった(=only)」 before「～の前」

応用

解答 イ

放送された英文

A: Kate, are you going to Hokkaido next Wednesday?
B: Yes. I'll go there to enjoy the summer vacation with my parents.
A: How long are you going to stay there?
B: For one week. Then I'll be back to Ehime on August 13.
A: I hope you'll have a wonderful trip.
Question: When will Kate go to Hokkaido?

日本語訳

A：ケイト，次の水曜日北海道へ行くの？
B：ええ。そこへ行って両親と夏休みを楽しんでくるわ。
A：何日ぐらいいるの？
B：1週間。8月13日に愛媛に帰ってくるわ。
A：すてきな旅行になるといいわね。
問：ケイトはいつ北海道へ行くのでしょうか。

解説

北海道に1週間滞在し，8月13日に愛媛に帰ってくるということは，13－7＝6なので，出発日は「イ」の8月6日が正しい。

発音

going, next, trip などは語尾の[g] [t] [p]が脱落する。

単語・文法

enjoy「楽しむ」 summer vacation「夏休み」 parents「両親」 How long～?「どのくらいの期間～ですか」 be back to「～に戻る」 wonderful「すばらしい」

4. 時間を聞きとる問題

基礎

解答 ア

放送された英文

Masao: What time does the movie start, Jane?
Jane: It starts at ten.
Masao: We have fifty minutes before it starts.
Jane: Yes. Let's have a cup of tea. What time is it now?

日本語訳

マサオ：何時に映画が始まるの，ジェーン？
ジェーン：10時に始まるわ。
マサオ：始まるまで50分あるね。
ジェーン：そうね。お茶でも飲みましょう。
問：今何時ですか。

解説

fifty minutesがキーワード。10時に始まる映画まであと50分あるということは，現在の時刻は9時10分ということになる。fiftyのアクセントに注意。あと15分であれば，お茶を飲もうとは言わないだろう。

発音

at ten [t]がいっしょになり「アッテン」となる。a cup of tea「アカッポブティ」の連結にも注意する。

単語・文法

let's～「～しよう」 have a cup of tea「紅茶を1杯飲む」

応用

解答 ア

放送された英文

Jane: Kenji, we don't have much time. There're only thirty minutes before that book store closes.
Kenji: Really? I thought the closing time was 9:00.
Jane: No. It changed last month. Now, it's one hour earlier than that.
Kenji: All right. Let's go.
質問 What time does the book store close?

日本語訳

ジェーン：ケンジ，あまり時間がないわ。あの本屋が閉まるまで30分しかないわよ。
ケンジ：本当？閉店時間は9時だと思ってた。
ジェーン：いいえ。先月変わったわ。今はそれよりも1時間早くなったの。
ケンジ：わかった。じゃあ行こう。
質問：何時に本屋は閉まりますか。

解説

ケンジは，本屋の閉店時間は9時だと思っていたが，ジェーンが1時間早くなったと言っているので，9－1＝8で8時に閉まるということなので，正解はアとなる。

発音

thírtyのアクセントの位置，one hour「ワンナワー」の連結に注意。

単語・文法

not much「あまり～ない」 close「閉まる，閉店する」 closing time「閉店時間」 one hour earlier than～「～よりも1時間早い」

5. 地図を見て答える問題

基礎

解答 ア

放送された英文

A: Excuse me. Is there a book shop near here?
B: Yes. Go this way and turn right at the second corner. You'll find it on your left.
A: Thank you very much.
Question: Which is the book shop?

日本語訳

A：すみません。この近くに本屋はありますか。
B：はい。ここを行って，2つ目の角を右に曲がってください。そうすると左にあります。
A：どうもありがとうございました。
問：本屋はどこですか。

解説

近くに本屋があるかたずねている会話である。現在地からまっすぐに行き，2つ目の角を右に曲がって，左側にあるのはアとなる。turn right at the second corner, on your leftがキーワード

となっている。

発音

book shop は語尾の[k][p]が脱落し,「ブッ(ク)ショッ(プ)」と聞こえる。You'll find it「ユールファインディッ(トゥ)」の連結にも注意。

単語・文法

Is there～?「～はありますか」 near here「この近く」 book shop「本屋」

応用

解答 ア

放送された英文

A: Excuse me. Would you tell me how to get to the post office from this station?
B: Sure. It's near here. Go straight and turn right at the second corner.
A: Yes.
B: Then, go one block and turn to the left. You can see it on your right.
A: Oh, I see. Thank you very much.
Question: Which is the post office?

日本語訳

A：すみません。この駅から郵便局までの行き方を教えてくれませんか。
B：いいですよ。ここから近いですよ。まっすぐ行って,2つ目の角を右に曲がってください。
A：はい。
B：それから,次の角まで行ったら左に曲がってください。右側に郵便局があります。
問：郵便局はどこですか。

解説

キーワードは, go straight, turn right, second corner, go one block, turn to the left, on your rightとかなり多いので,地図に線を書き込みながら聞くようにしよう。駅からまっすぐ行き,2つ目の角を右,その次の角を左,そこで右側にあるのは**ア**となる。

発音

would you「ウッジュ」 on your right「オ(ン)ニュァライ(トゥ)」の連結,[t]の脱落に注意。

単語・文法

would you tell me～?「～をおしえてくれませんか」 how to～「～の方法,やり方」 get to～「～に到着する」 post office「郵便局」 go straight「まっすぐ行く」 turn right「右に曲がる」 corner「曲がり角,交差点」 block「区画」 turn to the left「左に曲がる」 on *one's* right「右側に,右手に」

6. 位置を聞く問題

基礎

解答 何を探しているのか **カメラ**
見つかった場所 **c**

放送された英文

Taro: Mother, I can't remember where I put my camera.
Mother: Oh, again? You are always looking for something.
Taro: Mother, don't say that. Please help me.
Mother: Did you look in the basket?
Taro: Yes, but I couldn't find it.
Mother: On the bed?
Taro: It wasn't there, either.
Mother: Under the desk?
Taro: Oh, you are right. Thank you, Mother.

日本語訳

タロウ：お母さん,カメラをどこに置いたか覚えてないんだけど。
母：またなの。いつも何かを探しているわね。
タロウ：お母さん,そんなこと言わないで。お願い手伝って。
母：かごの中は見たの?
タロウ：うん,でも見つからなかった。
母：ベッドの上は?
タロウ：そこにもなかった。
母：机の下は?
タロウ：あ,その通り。ありがとうお母さん。

解説

初めにタロウが,「カメラをどこに置いたか知らないか」と母にたずねているので,探しているものは,**カメラ**。また会話の最後で,母が「机の下は?」と言ったら,「その通り」とタロウが答えているので,見つかった場所は,机の下**c**である。

発音

camera「キャメラ」 something「サムスィン

（グ）」, basket「バスケッ（ト）」は語尾の[g][t]が脱落する。under the desk「アンダーダデス（ク）」では，thが「ダ」に聞こえ，[k]が脱落する。

単語・文法

look for～「～を探す」 not either「～もまた…ない」

応用

解答 ①ウ ②ア

放送された英文

Ryan: Thank you for inviting me, Hisako.
Hisako: Hi, Ryan, I'm happy you are here. Come in, please. The party has just started.
Ryan: Thank you. I heard there is someone special here today.
Hisako: Oh, yes! That is Emily. She is the best tennis player in her junior high school.
Ryan: Really? Which girl is Emily? There are four girls over there.
Hisako: Please guess, Ryan. She is sitting on the sofa. She has a cup, and she is talking with my sister.
Ryan: OK. Is your sister sitting?
Hisako: No, no. She is standing.
Ryan: Oh, I see. Hisako, will you introduce me? I want to play tennis with her.
Hisako: All right, but can you play tennis? You're a member of the soccer club.
①の質問です。
Which girl is Emily?
②の質問です。
What does Ryan want to do?

日本語訳

ライアン：招待してくれてありがとう，ヒサコ。
ヒサコ：こんにちは，ライアン。来てくれてうれしいわ。どうぞ入ってください。パーティーはちょうど始まったところだから。
ライアン：ありがとう。今日は特別な人がここにいると聞いたけど。
ヒサコ：ああ，そうよ。エミリーよ。彼女は中学で一番テニスがうまいの。
ライアン：ほんとう。どの子がエミリー。あそこには4人女の子がいるね。
ヒサコ：当ててみて，ライアン。彼女はソファーに座っているわ。カップを持って，私の妹と話してる子よ。
ライアン：君の妹は座ってるかな。
ヒサコ：いいえ，彼女は立っているわ。
ライアン：ああ，わかったよ。ヒサコ。僕を紹介してくれる。僕は彼女といっしょにテニスがしたい。
ヒサコ：いいわ。でもテニスできるの。サッカー部員でしょう。
問：どの少女がエミリーですか。
問：ライアンは何がしたいのですか。

解説

問①…ソファーに座って，カップを持っているのはイとウの女の子である。ヒサコの妹は立っていて，彼女と話している方なので**ウ**がエミリーである。
問②…ライアンはエミリーといっしょにテニスがしたいといっているので，**ア**が正しい。

発音

sitting on the sofa「スィッティン（グ）オンダソファ」has a cup「ハザカッ（プ）」が答えを出す上で大切な部分であるが，語尾の[g][p]が脱落したり，on a「オンナ」has a「ハザ」などと連結することに注意。

単語・文法

invite「招待する」 over there「向こうに」 guess「推測する，答えを言い当てる」 introduce「紹介する」 a member of～「～の一員，部員」 soccer club「サッカー部」

7. 留学生の日本での生活に関する問題

基礎

解答 問1 エ 問2 ア 問3 ウ 問4 エ 問5 イ

放送された英文

Ken: Demi, I'm going to go to the department store with my mother. Would you like to come with us?
Demi: Wow, I'd love to. I want to buy some things.

Ken: I'm happy to hear that. I want to buy a bag. How about you?

Demi: I want to buy a sweater for me, and a Japanese fan for my sister.

Ken: A Japanese fan?

Demi: Yes. I want to send a fan to my sister as a present. She likes Japanese things. She already has many Japanese chopsticks.

Ken: I see. There are many kinds of fans there. I hope you can find a good one.

Demi: I hope so, too. How will we go there?

Ken: We'll go by bus because my father is using the car. Is that OK?

Demi: Sure. What time does the bus come?

Ken: At nine thirty. Oh, it's nine o'clock now. We don't have much time.

Question No.1: Who will go shopping with Ken and Demi?

Question No.2: What does Ken want to buy?

Question No.3: What does Demi want to buy for her sister?

Question No.4: How will Ken and Demi go to the department store?

Question No.5: What time is it now?

日本語訳

健：デミ, 僕は No.1 お母さんとデパートへ行くんだ。いっしょに来るかい？

デミ：わー, 行きたいわ。私も買いたいものがあるの。

健：それはよかった。No.2 僕はカバンを買いたいけど, あなたは？

デミ：私は自分にセーターと No.3 妹に日本の扇子を買いたいの。

健：日本の扇子？

デミ：ええ。妹に扇子をプレゼントに贈りたいの。彼女は日本のものが好きだから。日本のお箸もたくさん持ってるわ。

健：そうなんだ。たくさん扇子はあるよ。いいのが見つかるといいね。

デミ：そうね。どうやっていくの？

健：お父さんが車を使ってるから No.4 バスで行くよ。いいかな？

デミ：いいわ。バスは何時に来るの？

健：9時30分。ああ, No.5 もう9時だ。あまり時間がないよ。

問1 誰が健とデミといっしょに買い物に行きますか。

問2 健は何を買いたいですか。

問3 デミは妹に何を買いたいですか。

問4 健とデミはどうやってデパートへ行きますか。

問5 今何時ですか。

解説

No.1…健がお母さんといっしょにデパートへ行くと言っているので, いっしょに買い物へ行くのは**エ**のお母さん。

No.2…健の買い物はカバンなので, **ア**が正解。

No.3…デミは, 自分にセーターを, 妹には日本の扇子を買いたいと言っているので, **ウ**が正しい。

No.4…健のお父さんが車を使っているので, バスで行くと言っているから正解は**エ**となる。

No.5…バスは9時30分に来るが, 健が最後にもう9時だと言っているので, 現在の時刻は**イ**が正しい。

発音

それぞれの問に対する答を出すための下記のキーワードを聞き逃さないようにしっかり聞き取る。

No.1…with my mother [th]が[d]のように聞こえるので「ウィズマイマダー」。

No.2…a bag [bǽg]。

No.3…a Japanese fan [fǽn]の発音に注意。

No.4…go by bus 語尾の[s]が弱く発音されるので注意。

No.5…it's nine o'clock now.「ナインノクロック」と連結されることに注意。

単語・文法

department store「デパート」 I'd love to = I would love to go.「行きたいです」 how about ～?「～はどうですか」 fan「扇子」 chopsticks「箸（箸は2本で対になり一善なので, 必ず複数形）」

応用

解答 (1) a 誤　b 誤　c **正**　d 誤

(2) a **正**　b 誤　c 誤　d 誤

(3) a 誤　b 正　c 誤　d 誤
(4) d　(5) b

放送された英文

Ken: Did you watch the soccer game on TV last night?

Judy: No. I was writing a letter to my family in America.

Ken: Oh, were you? I watched the game between Australia and Japan. It was very exciting.

Judy: I didn't watch the game, but I read some interesting news about Japanese soccer fans on the Internet this morning.

Ken: Interesting news? Can you tell me about it?

Judy: Sure. The Japanese soccer fans cleaned their places after the game. A few boys and girls began to clean. Soon many other people joined them.

Ken: Wow, that's very good news. I didn't know about that.

Judy: Do Japanese people like cleaning? Students in my class began to clean my classroom after school yesterday. I was very surprised.

Ken: Were you? In Japan, students usually clean their classrooms after school every day. But in our school we clean our classrooms after school on Monday, Wednesday and Friday. We also clean after lunch on Tuesday and before lunch on Thursday.

Judy: That's very different. In my country, students don't clean their classrooms.

Ken: You can learn something new every day during your stay in Japan.

Judy: I hope so. What's waiting for me today?

（問い）

(1) What was Judy doing when Ken was watching the soccer game?
  a. She was reading some interesting news.
  b. She was watching the soccer game on TV, too.
  c. She was writing a letter to her family in America.
  d. She was cleaning her room with her friends.

(2) What did Judy do this morning?
  a. She read some interesting news about Japanese soccer fans.
  b. She read some interesting news about Japanese school life.
  c. She watched some interesting news on TV about Japanese soccer fans.
  d. She watched some interesting news on TV about Japanese school life.

(3) Does Judy want to learn something new in Japan?
  a. Yes, she can.
  b. Yes, she does.
  c. No, she can't.
  d. No, she doesn't.

(4) What was very good news to Ken?

(5) When does Ken clean his classroom on Thursday?

日本語訳

健：昨晩テレビでサッカーの試合見たかい。

ジュディ：いいえ。問(1) アメリカにいる家族に手紙を書いてたわ。

健：ああ，そうなんだ。僕はオーストラリア対日本の試合を見てた。すごくおもしろかった。

ジュディ：試合は見なかったけど，問(2) 今朝インターネットで日本のサッカーファンについておもしろいニュースを読んだわ。

健：おもしろいニュースだって。話してくれる。

ジュディ：いいわ。日本のサッカーファンは試合後会場を掃除するって。数人の男女が試合後に始めて，すぐに多くの他の人々も参加するようになったの。

健：ああ，問(4) それはとてもいいニュースだね。僕はそれを知らなかったよ。

ジュディ：日本人は掃除が好きなの。昨日私のクラスの生徒は放課後掃除を始めたわ。とても驚いたわ。

健：驚いたの。日本では，毎日放課後生徒が教室をたいてい掃除する。だけど，僕の学校では，月，水，金の放課後に掃除をするんだ。それと火曜は昼食後に，問(5) 木曜は昼食前に掃除をするよ。

ジュディ：全然違うわね。私の国では生徒は教室の掃除はしないわ。

健：日本にいる間に毎日何か新しいことを学べるね。

ジュディ：問(3) そうだといいわね。今日は何があるかしら。

問(1) 健がサッカーの試合を見ていたとき，ジュディは何をしていましたか。
 a. 彼女は，おもしろいニュースを読んでいた。
 b. 彼女もサッカーの試合をテレビで見ていた。
 c. 彼女は，アメリカにいる家族に手紙を書いていた。
 d. 彼女は，友達と部屋の掃除をしていた。

問(2) ジュディは今朝何をしましたか。
 a. 彼女は，日本のサッカーファンに関して，おもしろいニュースを読んだ。
 b. 彼女は，日本の学校生活に関して，おもしろいニュースを読んだ。
 c. 彼女は，日本のサッカーファンに関して，おもしろいニュースをテレビで見た。
 d. 彼女は，日本の学校生活に関して，おもしろいニュースをテレビで見た。

問(3) ジュディは日本で新しいことを学びたいと思っていますか。
 a. はい，彼女は出来ます。
 b. はい，彼女は思っています。
 c. いいえ，彼女は出来ません。
 d. いいえ，彼女は思っていません。

問(4) 健にとってとてもよいニュースは何でしたか。

問(5) 木曜日に健はいつ掃除をしますか。

解説

会話文中の下線部参照。

問(1)…昨晩ケンがテレビでサッカーの試合を見ていたとき，ジュディはアメリカにいる家族あての手紙を書いていたので，**c** が正しい。

問(2)…ジュディは今朝，インターネットで日本のサッカーファンに関するおもしろいニュースを読んだといっているので，**a** が正解。

問(3)…Does Judy want?という質問に対する答は，doesを用いるのが正しいので，canを用いるaやcはおかしい。bかdとなるが，彼女は新しいことを学びたいと持っているのでyesである **b** が正解。

問(4)…日本のサッカーファンが試合後会場の掃除をすることをよいニュースだといっているので，**d** が正解。

問(5)…木曜日は昼食の前に掃除をするので，**b** が正しい。

発音

それぞれの答を出すうえで大切な部分となるのは下記の箇所なので，聞き逃さない。

問(1)…I was writing a letter to my family in America.「ライティンガレラ」となる[g][a]の連結や[t]が[l]に聞こえるのに注意。

問(2)…I read some interesting news about Japanese soccer fans.「サッカーファンズ」

問(3)…I hope so.「ホープソウ」

問(4)…that's very good news.「グゥ（ドゥ）ニューズ」

問(5)…before lunch on Thursday.「ビフォーランチオンサーズディ」

単語・文法

exciting「おもしろい，わくわくする」 on the Internet「インターネットで」 sure = yes「いいですよ」 clean「掃除する」 a few「数人の」 be surprised「驚く」 after school「放課後」 something new「何か新しいこと」

2 会話の応答文を選ぶ問題

1. 買い物での会話

基礎

解答 イ

放送された英文

M: Can I help you?

W: Yes, I'm looking for a T-shirt. Oh, this color looks nice.

M: The size is a little large for you. We have another smaller one. I've found it. Here it is.
F: (チャイム)

日本語訳

M：いらっしゃいませ。
F：Tシャツを探しています。あら，この色すてきね。
M：このサイズはお客様には少し大きいです。別の少し小さいサイズがあります。見つけました。こちらです。
ア．どういたしまして。
イ．ありがとう。それをいただきます。
ウ．行きたいですか。
エ．お元気ですか。

解説

Tシャツを買うときの会話である。女性が持っていたものは，少し大きいので，店員が別の少し小さいサイズを見つけた。だから，「それをいただきます」という**イ**が論理的な応答となる。

発音

T-shirt「ティーシャー（トゥ）」 found it「ファウンディ（ットゥ）」の語尾[t]が脱落する。

単語・文法

look for ～「～を探す」 look ～「～に見える」 a little「少し」 smaller「より小さい」 Here it is「こちらです」 take「買う」 You are welcome.「どういたしまして」(Thank you. と言われたのに対して応える)

応用

解答 ウ

放送された英文

A: May I help you?
B: Yes, I am looking for a dress for my sister.
A: What color does she like?
B: Well, (　　)

日本語訳

A：いらっしゃいませ。
B：妹のためにドレスを探しています。
A：彼女は何色が好きですか。
B：ええと，
ア．彼女は小さいのが好きです。
イ．彼女は大きいのが好きです。
ウ．彼女は青いのが好きです。
エ．彼女は長いのが好きです。

解説

妹のためにドレスを探している会話。彼女は何色が好きかと店員がたずねているので，それに対する応答としては必ず色を答えることになる。**ウ**が正解である。

発音

dress「ドゥレス」 color「カラー」の発音に注意。

単語・文法

What color ～?「どんな色が～ですか」
one は dress を指す。

2. レストランでの会話

基礎

解答 ア

放送された英文

A: Excuse me. Two hamburgers, please.
B: OK. Anything to drink?
A: Pardon?

日本語訳

A：すみません。ハンバーガーをふたつください。
B：かしこまりました，何か飲み物は？
A：もう一度お願いします。
ア．何かお飲み物はいかがですか。
イ．ハンバーガーふたつですか。
ウ．ハンバーガーはいくつ欲しいですか。
エ．どこでお飲みになりますか。

解説

pardon は，相手の言うことが理解できないか，聞き取れないときに「もう一度言ってください」という意味で使うので，「何かお飲み物は」という質問をもう一度するのが論理的である。

発音

Pardon? は聞き取れないことなどをもう一度言ってもらうようお願いするので，イントネーションが上昇調になる。下降調の場合には「ごめんなさい，失礼しました」という意味になる。

単語・文法

anything to drink?「何かお飲み物は」 pardon = I beg your pardon.「恐れ入りますがもう一度

言ってください」

応用

解答 ア

放送された英文

M: Are you ready to order?
F: Yes, I'd like a hamburger and a salad.
M: Anything to drink?
F: Orange juice, please. That's all. How much?
M: 5 dollars and 45 cents.
F:（チャイム）

日本語訳

M：ご注文は？
F：ハンバーガーとサラダをください。
M：何かお飲み物は？
F：オレンジジュースをください。以上です。おいくらですか。
M：5ドル45セントです。
ア．わかりました。はいどうぞ。
イ．こちらがおつりです。
ウ．おいくらですか。
エ．このサラダはとてもおいしいです。

解説

ハンバーガーとサラダを注文し，「5ドル45セントです」と言われたら，次は代金を支払うのが普通の展開であろうから，**ア**を言いながらお金を渡すのがよい。1ドルは100セントであることも覚えておくとよい。

発音

orangeは日本語の「オレンジ」ではなく「オーリンジ」と発音される。dollars，centsなどの複数形にも気をつける。

単語・文法

Are you ready to order?（注文をする準備はいいですか）→「ご注文は？」 I'd like〜．= I would like〜．「〜をください」 That's all．「それで全部です」

3. 電話での会話

基礎

解答 ア

放送された英文

A: Hello. This is Mark. May I speak to Tomomi, please?
B: I'm sorry, she's out.
A: Oh, really? When will she come back?
B:（チャイム音）

日本語訳

A：もしもし。マークです。トモミさんいらっしゃいますか。
B：すみませんが，彼女は出かけています。
A：あ，そうですか。いつ戻りますか。
ア．5時です。
イ．1時間前です。
ウ．いいえ，結構です。
エ．番号が違います。

解説

マークがトモミの家へ電話をしたら不在であった。彼女が何時に帰ってくるかたずねているので，正しい応答は時間を答える**ア**がよい。

発音

When will she come back?「ゥエンウィルシーカンバッ(ク)」

単語・文法

May I speak to〜?「〜さんいらっしゃいますか」 be out「外出中，不在である」

応用

解答 1

放送された英文

Man: Hello.
Woman: Hello, this is Sato Yuki. May I speak to Tom, please?
Man: I'm sorry. He is not at home now. He has just gone out.
Woman:（チャイム）
1. Oh, I see. I'll call him again. Thank you.
2. You're welcome. See you tomorrow.
3. All right. Here you are.
4. Hmm, when will you go there?

日本語訳

男：もしもし。
女：もしもし。サトウ・ユキです。トムさんお願いします。

男：すみませんが，今家にはいません。たった今出かけたところです。
1. ああ，そうですか。ではまた電話します。ありがとうございます。
2. どういたしまして。ではまた明日。
3. わかりました。はいどうぞ。
4. ええと，あなたはいつ家へ帰るのですか。

[解説]
ユキがトムの家へ電話をかけたら，たった今出かけたところで不在であると言われた。それに対する正しい受け答えとしては，「ではまた電話します」という**1**がよい。

[発音]
He is not at home.のnotの否定をしっかり聞く。just, out では語尾の[t]が脱落するのに注意。

[単語・文法]
This is～．「～です」 be not at home = be out 「外出中，不在である」 has just gone out 「たった今出かけたところ」

4. 予定についての会話

[基礎]

[解答] ア

[放送された英文]
A: Where are you going to go this Saturday?
B: I'm going to go to the park to play soccer with my friends.
A: I hear it will be rainy on that day.
B: Oh, really?

[日本語訳]
A：今度の土曜日はどこへ行くの？
B：公園へ行って友達とサッカーをするんだ。
A：その日は雨だろうって聞いたけど。
B：ええ，本当？
ア．ああ。テレビではそう言ってたね。
イ．わかりました，賛成です。
ウ．ああ，いい考えだね。
エ．いいえ，聞こえません。

[解説]
今度の土曜日は公園へ行って友達とサッカーをする予定だが，おそらく雨だろうと言っている会話である。「土曜日は天気が悪いって聞いたよ」「ほんとう？」と来たら「テレビでそう言っていた」と応じる**ア**が正しい。

[発音]
reallyは，「本当ですか」と問いただすので上昇調のイントネーションになる。

[単語・文法]
I hear～「～だと聞いている」　rainy「雨降りの」 on that day 「その日には」　so 「そのように」 agree 「賛成する」

[応用]

[解答] ア

[放送された英文]
Peter: Hi, Yukari. Are you free next Sunday afternoon?
Yukari: Yes, I have no plans. Why do you ask?
Peter: Well, I want to go to Saitama Stadium to watch the soccer game. Do you want to come with me?
Yukari: That sounds great. Where and when shall we meet?
Peter: Can we meet at the station at three?
Yukari: (　　　)

[日本語訳]
ピーター：やあ，ユカリ。今度の日曜日の午後ひま？
ユカリ：ええ。何も予定はないわ。何で？
ピーター：ああ，埼玉スタジアムへ行って，サッカーの試合を見たいんだ。いっしょに来ないか？
ユカリ：すてきね。どこで，何時に待ち合わせ？
ピーター：駅で3時に待ち合わせたらどうかな？
ユカリ：
ア．いいわ。
イ．サッカーは好きじゃないわ。
ウ．お母さんのお手伝いをしないと。
エ．あなたは行かないと。

[解説]
今度の日曜日の午後，埼玉スタジアムへサッカーの試合を見に行こうと誘っている会話。「駅で3時に待ち合わせたらどう」と聞かれたら，「いいわ」とこたえる**ア**が正しい。sure= yesであることがポイント。

発音
want to「ウォントトゥ」ではなく「ウォントゥ」，at the「アットザ」ではなく「アッダ」と発音される。thは[d]に聞こえることに注意。
単語・文法
free「ひまな」 plan「予定」 game「試合」 sound～「～に思われる」

5. 何をしたかを聞く会話
基礎
解答　ウ
放送された英文
A: It was raining yesterday. What did you do?
B: I went to a piano concert with my sister. It was great!
A: Were there many people at the concert?
日本語訳
A：昨日は雨が降ってたけど，何をしてた？
B：妹とピアノのコンサートに行った。すごくよかった。
A：コンサートには大勢の人がいたの？
ア．ええ。午後3時に。
イ．ええ。音楽は大好きです。
ウ．ええ。約500人。
エ．ええ。お天気だったわ。
解説
コンサートへ来た人が多かったかどうかたずねている会話です。「コンサートにたくさん人が来たか」という問いかけに対しては，多いか少ないか，または人数などを具体的に答えるのが論理的なので，**ウ**が正しい応答になる。
発音
Were there「ワーデア」，at the「アッダ」となりthが[d]になる。
単語・文法
rain「雨が降る」 concert「コンサート」 great「すばらしい」 hundred「百」 sunny「晴れた」

応用
解答　エ

放送された英文
A: What did you do last Sunday, Ken?
B: I stayed at home all day.
A: Really? What did you do at home?
B: I helped my mother when she cleaned our house. How about you, Cathy?
日本語訳
A：ケン，先週の日曜日何をした？
B：一日中家にいた。
A：本当？家で何をしたの？
B：お母さんが家の掃除をするのを手伝った。キャシー，君は？
ア．それは彼女にはすばらしいプレゼントね。
イ．その通り。私は家を掃除するわ。
ウ．それじゃ今度の日曜日にお手伝いするわ。
エ．私は両親と買い物に行ったわ。
解説
先週の日曜日何をしたかたずねている会話。ケンは一日中家でお母さんのそうじの手伝いをしたが，「キャシーは何をした」と最後に問いかけているので，正しい応答としては，彼女が日曜日にやったことを答えるので，「買い物に行った」がよい。
発音
did you do「ディッジュドゥ」How about you?「ハゥアバウチュ」となる連結に注意。
単語・文法
stay at home「家にいる」 all day「一日中」 clean「そうじする」 how about～?「～はどうですか」 go shopping「買い物に行く」

6. 旅行についての会話
基礎
解答　ア
放送された英文
A: I went to Matsuyama yesterday.
B: Oh, really? It was very cold here. How was the weather in Matsuyama?
A:〈音〉
日本語訳
A：昨日松山へ行ったんだ。
B：ほんとう。こっちはすごく寒かったけど。松山の天気はどうだった。

A：(　　　)
1．晴れてて暖かかった。
2．電車で。
3．2時間。
4．友達といっしょに。

解説

昨日の松山の天気はどうだったか聞かれているので，「晴れてて暖かかった」という**1**が論理的な応答である。それ以外の選択肢では話のつじつまが合わない。

発音

How was the weather「ハゥワズダウェダー」というキーワードの聞き取りに注意。

単語・文法

really「ほんとうに」 cold「寒い」 weather「天気」 sunny「晴れ」 warm「暖かい」

応用

解答　ウ

放送された英文

A: How was your trip to Hawaii?
B: Great. I had a very good time there.
A: Did you take some pictures?
B: Yes, I took many.
A：(　　　)

日本語訳

A：ハワイ旅行はどうだった？
B：すばらしかった。すごく楽しかった。
A：写真は撮った？
B：ああ。たくさん撮ったよ。
ア．会えてよかった。
イ．あなたと話しがしたい。
ウ．あとで見せてね。
エ．私の家に来る？

解説

ハワイ旅行の感想や写真を撮ったかたずねている会話。「写真を撮ったか」という問いかけに「たくさん撮った」と答えているので，それに続くものとしては「あとで見せてね」となるのが自然であろう。

発音

How was「ハゥワズ」Did you「ディッジュ」などの連結やtrip「トゥリップ」に注意。

単語・文法

How was ～?「～はどうでしたか」 great「すばらしい」 have a very good time「たいへん楽しむ」 picture「写真」 glad「うれしい」

3　会話文の質問に答える問題

1．計算が必要な問題

基礎

解答　ウ

放送された英文

A: Yesterday was my birthday, and I got some CDs.
B: Did you listen to all those CDs, Tomoko?
C: No. I listened to three of them. I will listen to two more CDs tomorrow.
Question: How many CDs did Tomoko listen to?

日本語訳

A：昨日は誕生日だったから，何枚かCDをもらったの。
B：そのCDは全部聴いたの，トモコ？
A：いいえ，そのうちの3枚は聴いたわ。明日あと2枚聴くわ。
問：トモコはCDを何枚聴きましたか。

解説

誕生日にもらったCDのうちで，これまでに聴いたCDの数を答えるので，明日聞く数などの足し算の計算は必要ない。3枚聴いたといっているので，**ウ**が正解。質問文のdidの過去形と会話中のthree of themがキーワードなので，惑わされないように。

発音

CDs「シィーディーズ」の複数形three of them「スリーオブデム」に注意。

単語・文法

all those CDs「それらのCD全部」 three of them「そのうちの3枚」 two more「あと2枚」

応用

解答 イ

放送された英文

Jim: Yesterday's concert was very good. Yoko, you played the piano very well.
Yoko: Oh, thank you, Jim. I am glad to hear that.
Jim: How often do you practice the piano?
Yoko: I practice it four days in a week. I practice it two hours every day from Monday to Wednesday and one hour on Friday.
質問します。How many hours does Yoko practice the piano in a week?

日本語訳

ジム：昨日のコンサートはとてもよかったよ。陽子，とても上手にピアノを演奏していたよ。
陽子：あら，ありがとう，ジム。それを聞いてうれしいわ。
ジム：ピアノはどのくらい練習するの。
陽子：週4日練習するわ。月曜日から水曜日は毎日2時間，金曜日には1時間練習するの。
問：陽子は1週間に何時間ピアノの練習をするでしょうか。

解説

陽子がピアノの練習を週に何時間しているか計算する問題。陽子のピアノの練習は週4日。月曜日から水曜日までの3日間は2時間ずつで，金曜日は1時間なので，3×2+1=7となるので，イのsevenが正解。

発音

キーワードとなっているtwo hours「トゥアワーズ」one hour「ワンナワー」の聞き取りに注意。

単語・文法

very well「とても上手に」 glad「うれしい」 how often「どのくらい（の回数）」 practice「練習する」 in a week「一週間に」 how many hours～?「何時間～するか」

2. 場所・場面を答える問題

基礎

解答 ウ

放送された英文

A: What are you going to have?
B: I'm hungry and everything looks so delicious! I can't choose. Do you know what's good?
A: No, I don't. Let's ask someone working here.
B: All right.
Question: Where are they talking?

日本語訳

A：何にしますか。
B：おなかがすいていて，みんなとてもおいしそうだね。選ぶのが難しいな。何がいいと思う？
A：わかりませんね。誰かお店の人に聞いてみよう
B：そうしよう。
問：彼らはどこで話しをしていますか。

解説

hungryやdeliciousから食べ物に関係した会話であることが想像できるので，話しをしている場所もIn a restaurant「レストランで」ということになる。また，what are you going to have?はレストランなどで注文は何にするかたずねる表現なので，これもヒントと考えられる。

発音

can'tの否定形の聞き取りdelíciousのアクセントの位置に注意。

単語・文法

hungry「空腹の」 look～「～に見える」 delicious「とてもおいしい」 someone working here「ここで働いている人」

応用

解答 エ

放送された英文

A: Excuse me, but I'm looking for *Silent Spring* written by Rachel Carson.
B: Just a minute, please.（pause）Here you are.
A: Thank you. How long can I borrow it?
B: You can keep it until next Monday.
Question Where are the two people now?

日本語訳
A：すみませんが，レイチェル・カーソンの『沈黙の春』を探しています。
B：ちょっとお待ちください。(しばらくして)こちらです。
A：ありがとう。どのくらい借りられますか。
B：今度の月曜日までです。
問：この2人は今どこにいますか。

解説
written byは，「〜によって書かれた」なので，本の話しをしているのであろう。また，borrow［借りる］と合わせると，本を借りる場所，つまり図書館での会話ということになる。

発音
can I「キャナイ」keep it「キーピッ(トゥ)」の連結と[t]の脱落。

単語・文法
look for〜「〜を探す」 just a minute「しばらくお待ちください」 Here you are.「はいどうぞ」 How long〜?「どのくらいの期間〜ですか」 borrow「借りる」 until〜「まで」 Rachel Carson「レイチェル・カーソン」(1907-1964：1960年代に環境問題を告発した米国の生物学者，作家) Silent Spring「沈黙の春」1962年に出版されたレイチェル・カーソンの著書。DDTを始めとする農薬などの化学物質の危険性を，鳥達が鳴かなくなった春という出来事を通し訴えた作品。

3. 理由を聞きとる問題

基礎
解答 ウ

放送された英文
Ken: Where are you going, Nancy?
Nancy: To the teachers' room to ask Mr. Tanaka about the Japanese homework.
Ken: He was working with other teachers. I think he is still busy now. You should go later.
Nancy: OK. I'll see him after school. Thank you, Ken.
質問をします。
Why should Nancy go to see Mr. Tanaka later?

日本語訳
ケン：どこへ行くの，ナンシー？
ナンシー：職員室へ行って，田中先生に日本語の宿題について質問しに。
ケン：彼は他の先生と仕事をしてたよ。彼はまだ忙しいんじゃないかな。後で行った方がいいよ。
ナンシー：わかったわ。放課後に会いに行くわ。ありがとう，ケン。
問：ナンシーはなぜあとで田中先生に会いに行くのでしょうか。

解説
ケンが，田中先生は他の先生と仕事をしていて，今は忙しそうだと言っているので，今先生に会いに行くのではなく，放課後行くとことにする。だから正解はウとなる。

発音
going, homework, should では，語尾の[g]，[k]，[d]が脱落。

単語・文法
teachers' room「先生の部屋」→「職員室」 homework「宿題」 still「まだ，今もなお」 later「あとで」 after school「放課後」

応用
解答 エ

放送された英文
A: Mother, could you buy a book for me at that store?
B: Yes, David. Wait! Where is my bag?
A: You left it at home. I saw it on the table.
B: Oh, you are right. Wait here, David. I'll go back and get it.

日本語訳
A：お母さん，あそこのお店で本を買ってくれない？
B：いいわ，デイビッド，待って。私のバッグはどこ？
A：家においてきたよ。テーブルの上で見たよ。
B：ああ，その通りね。ここで待っていて，デイビッド。家に帰って，取ってくるわ。

解説

本を買おうと思ったら，バッグを家に忘れてきたので，取りに戻ると言っているので，**エ**が正解。

発音

could you「クッジュ」where is「ゥエアリズ」left it at home「レフティッタットーム」と連結する。

単語・文法

buy「買う」 left（leaveの過去形）「置き忘れる」
you are right「その通り」 go back「戻る」

4. 休暇についての会話

基礎

解答 3

放送された英文

Bob: How was your summer vacation, Jane?
Jane: It was great. I visited Hokkaido with my family.
Bob: Wow, that sounds nice. Was it your first trip to Hokkaido?
Jane: No. It was the third trip. I went there in 2002 and 2004.
Bob: Really?
Jane: Bob, I think you should go there, too.
Question: How many times has Jane been to Hokkaido?

日本語訳

ボブ：夏休みはどうだった，ジェーン？
ジェーン：すばらしかった。家族といっしょに北海道へ行ったの。
ボブ：わー，いいね。北海道へは初めて？
ジェーン：いいえ。3回目。2002年と2004年にも行ったから。
ボブ：本当？
ジェーン：ボブ，あなたも行くべきだと思うわ。
問：ジェーンは北海道へ何回行ったことがありますか。
1．初めて。 2．2回。
3．3回。 4．4回。

解説

ジェーンは夏休みに家族と北海道へ行った。北海道へ行ったのは何回目かというボブの問いかけに，3回目と答えている部分を聞き逃さない。また，2002年と2004年にも行ったと言っているので，今回と合計すると3回になることからもわかる。

発音

the third trip「ザサー（ドゥ）トゥリッ（プ）」[d][p]が脱落する。2002「トゥサウザン（ド）トゥ」，2004「トゥサウザン（ド）フォー」の読み方にも注意。

単語・文法

sound～「～に聞こえる，に思われる」 should～「～すべきだ」

応用

解答 ア2 イ2 ウ4

放送された英文

Laura: Kazuo, did you go out last Saturday?
Kazuo: Yes. I went to the Sports Park to see a soccer game. My friend Hideki played in that game.
Laura: Really? Did you go with someone?
Kazuo: Yes. I went there with Haruo and Masaru.
Laura: How was the game?
Kazuo: It was very exciting. We enjoyed it very much. But we didn't see the first twenty minutes.
Laura: Why?
Kazuo: We took a bus, but it didn't go to the Sports Park. So we were late for the game. We got there at eleven.
Laura: That's too bad.
ア．How many friends did Kazuo go with?
イ．When did the soccer game begin?
ウ．Why were Kazuo and his friends late for the game?

日本語訳

ローラ：和男，この前の土曜日は外出した？
和男：はい。スポーツ公園にサッカーの試合を見に行った。友達のヒデキが試合に出てたんだ。
ローラ：本当？誰といっしょに行ったの？
和男：はい。(ア)ハルオとマサルといっしょに行った。

17

ローラ：試合はどうだった？
和男：すごく興奮した。みんなとても楽しんだ。でも，(イ)最初の20分は見られなかった。
ローラ：なぜ？
和男：(ウ)バスに乗ったんだけど，それがスポーツ公園に行かなかったんだ。それで試合に遅れたんだ。(イ)11時に着いたけど。
ローラ：それは残念。

問ア：和男は何人の友達といっしょに行きましたか。
1. 1人　2. 2人
3. 3人　4. 4人

イ：サッカーの試合は何時に始まりましたか。
1. 10時20分　2. 10時40分
3. 11時　　　4. 11時20分

ウ：なぜ和男と友達は試合に遅れたのですか。
1. バスがとても遅れたから。
2. バスに乗らなかったから。
3. バスが時間がかかったから。
4. 間違ったバスに乗ったから。

解説
ア．…和男は，サッカーの試合にハルオとマサルといっしょに行ったので，2人の友達がいっしょに行ったという**2**が正しい。

イ．…試合の最初20分が見られなくて，11時に着いたと言っているということは，試合の開始時刻は，10時40分だったということになるので，**2**が正解。

ウ．…バスに乗ったけど，それがスポーツ公園に行かなかったというのは，間違ったバスに乗ってしまったことを意味しているから，**4**が正しい。

発音
went there, got there では，[t]と[th]が連結されて発音され，「ウエンデア」「ガッデア」となる。first twenty「ファース(ト)トゥエンティー」も[t]が連結する。it didn't go to the Sports Park. の文で，didn'tの否定形を聞き逃さないように。

単語・文法
go out「外出する」 exciting「興奮させるような」 be late for～「～に遅れる」

5. 学校生活に関する会話

基礎

解答　①ウ　②イ

放送された英文

Mother: Did you enjoy your school festival today, Bob?
Bob: Yes, I did, Mother! It was a great day today. Many people came to our concert.
Mother: That was good. You and Sachiko sang some songs together. Right?
Bob: No. She played the piano and I sang songs.
Mother: Wonderful! What songs did you sing?
Bob: Sorry, but I can't tell you now.
Mother: You can't? You know Father and I couldn't go to your school festival.
Bob: Mother, I'm going to have another concert for you and Father at home next Sunday.

①の質問です　What did Bob do at his school festival?
②の質問です　Where is Bob going to have a concert for his parents?

日本語訳

母：今日の学園祭は楽しかった，ボブ？
ボブ：ああ，お母さん。今日はすばらしい日だった。たくさんの人が僕らのコンサートに来てくれた。
母：よかったわね。あなたとサチコがいっしょに何曲か歌ったんでしょう？
ボブ：いいや。彼女がピアノを弾いて，問①僕が歌ったんだ。
母：すてきね。どんな歌を歌ったの？
ボブ：ごめん。今は言えないよ。
母：言えない？ 私もお父さんも学園祭に行かれなかったのは知ってるでしょう？
ボブ：お母さん，今度の日曜日にお母さんとお父さんのためにもう一度問②家でコンサートをやるつもりなんだ。
問：ボブは学園祭で何をしましたか。
ア．彼は歌を歌いピアノを弾いた。

イ．彼はサチコといっしょにピアノを弾いた。
ウ．彼は数曲歌を歌った。
エ．彼は数曲両親といっしょに歌った。
問：ボブは両親のためのコンサートをどこでやるのでしょうか。
ア．今度の日曜日　　イ．家で
ウ．今日　　　　　　エ．学校で

解説
問①…ボブは今日学園祭で歌を歌い，サチコがピアノを演奏したと言っているので，正解は**ウ**である。

問②…お父さんとお母さんが学園祭には来られず，ボブの歌を聴いていないので，ボブは両親のために今度の日曜日に家でコンサートをやるつもりであるから，**イ**が正しい。

発音
Did you「ディッジュ」と連結する。sang [sæŋ] の発音に注意。

単語・文法
school festival「学園祭」
sing「歌う」- sang - sung

応用

解答　No.1 イ　No.2 エ　No.3 ウ

放送された英文
Peter: Yumi, Mr. Kato's English class was very exciting. I like his class. What's the next class? Where should we go?
Yumi: Mr. Tanaka's Japanese class. We wait for him here.
Peter: What do you mean? Does he come to this classroom?
Yumi: Yes. In our school, students usually don't have to go from one classroom to another.
Peter: Oh, I see. How about other schools in Japan?
Yumi: I think a lot of schools are the same.
Peter: Really? There's a big difference between the two countries.
Yumi: I think so. Do you know that we clean our school every day, Peter?
Peter: No. In my country the students don't clean the school.
Yumi: We are going to do it after lunch. Could you help us?
Peter: Sure.

Questions:
No.1 Does Mr. Kato teach English?
No.2 Why will Mr. Tanaka come to Yumi's classroom?
No.3 What is Peter going to do after lunch?

日本語訳
ピーター：ユミ，No.1 カトウ先生の英語の授業はすごく楽しかったね。僕は彼の授業が好きだよ。次の授業は何？どこへ行けばいいの？
ユミ：No.2 タナカ先生の日本語の授業よ。ここで彼を待てばいいわ。
ピーター：どういうこと？彼がこの教室に来るの？
ユミ：ええ。私達の学校では，生徒はひとつの教室から別の教室に移動しなくてもいいのよ。
ピーター：あ，そうなんだ。日本の他の学校はどう？
ユミ：多くの学校が同じだと思うわ。
ピーター：本当？２つの国の間には大きな違いがあるね。
ユミ：そうね。私達は毎日学校の掃除をするって知ってた，ピーター？
ピーター：いいや。僕の国では，生徒は掃除はしないよ。
ユミ：No.3 昼食後にやるわよ。手伝ってくれる？
ピーター：いいよ。

問
No. 1　カトウ先生は英語を教えますか。
ア．はい，彼です。
イ．はい，彼はします。
ウ．いいえ，彼は違います。
エ．いいえ，彼はしません。
No. 2　なぜタナカ先生はユミの教室へ来るのですか。
ア．カトウさんと話をするため。
イ．彼女の教室を掃除するため。
ウ．そこで昼食を食べるため。
エ．そこで日本語を教えるため。
No. 3　ピーターは昼食後何をするでしょうか。
ア．ユミといっしょに日本語を勉強する。

イ．ユミといっしょに昼食を食べる。
ウ．ユミといっしょに教室の掃除をする。
エ．ユミの英語の勉強を手伝う。

解説

No.1…下線部からカトウ先生は英語の先生であることがわかる。Does Mr. Kato teach〜？の質問に対する答えは，doesを使うべきであるから，イが正しい。アは，Is he〜？に対する答えである。

No.2…下線部からタナカ先生は日本語の先生であることがわかるので，エの日本語を教えるために教室に来るが正しい。

No.3…下線部で昼食後にそれをやると言っているが，それは掃除を指しているので，昼食後には掃除をすることになっているので，ウが正解。

発音

exciting, do itは語尾の[g] [t]が脱落。

単語・文法

from one 〜 to another「ひとつの〜からもうひとつへ」 how about〜「〜はどうですか」 between the two countries「2つの国の間で」 clean「掃除をする」 sure=yes

6. 旅行に関する会話①

基礎

解答 ウ

放送された英文

Man: Do you have any plans for the spring holidays?
Woman: I'm going to visit my grandmother in Hiroshima. I haven't seen her for two years. I really want to see her.
Man: How long are you going to stay there?
Woman: For three days. I will come back to Fukui on April 1.
Man: I've never been to Hiroshima. I want you to tell me about the trip.
Woman: OK. After I come back, I will call you to tell you about my trip.
Question: When will the woman tell the man about the trip?

日本語訳

男：春休みに何か予定はありますか。
女：広島のおばあちゃんに会いに行くわ。もう2年も会ってないから，すごく彼女に会いたいわ。
男：そこにはどのくらい居るの。
女：3日間。4月1日には福井に戻るわ。
男：僕は広島に行ったことがないな。旅行について僕に話してもらいたいな。
女：いいわ。戻ってきたら，あなたに電話して，旅行の話しをするわ。
問：女性はいつ男性に旅行の話しをするでしょうか。

解説

女性は広島にいるおばあさんに会いに行く。4月1日には福井に戻り，その後男性に旅行の話しをすると言っているので，4月に入ってからというウが正しい。

発音

I will come back to Fukui on April 1.「エイプリル・ファース（トゥ）」とAfter I come back, I will call you to tell you about my trip.の部分が答えを出すうえで大切なので，聞き逃さない。語尾のback, about, tripの[k], [t], [p]は脱落する。

単語・文法

plan「予定」 spring holidays「春休み」 How long「どのくらいの期間」 want + 人 + to〜「人に〜してもらいたい」

応用

解答 質問1 B 質問2 C 質問3 C

放送された英文

A: Taro, do you have any plans for this summer?
B: Yes, Mary. My family usually travels during summer vacation. We went to Korea last year. This year, we had a plan to go to Canada and America, but we changed the plan. We are going to visit Shanghai, China. We can fly from Toyama.
A: Oh, that's wonderful. How long are you going to stay there?
B: Well, we will get to Shanghai on August 2nd. We have 3 days for sightseeing. We

will come back to Toyama on August 5th.
A: What do you want to do there?
B: I want to visit famous old houses. My father and mother want to see Chinese dances. And my sister wants to eat a lot of Chinese food. She wants to know how to cook it, too.
A: Oh, I also want to know about it. Can I go to your house and learn about it from your sister when your family comes back?
B: Sure.
質問1　Where did Taro's family visit last summer?
質問2　How long is their travel plan of visiting Shanaghai?
質問3　Why does Mary want to go to Taro's house?

日本語訳

A：タロウ，今度の夏の計画はある？
B：ああ，メアリー。家族でいつも夏休みに旅行へ行くんだ。去年は韓国へ行った。今年はカナダと米国へ行く計画だったんだけど，予定が変わったんだ。中国の上海へ行くんだ。富山から飛行機で行けるから。
A：あら，すてき。何日ぐらい行っているの？
B：上海に8月2日に着いて，3日間観光する。8月5日に富山に帰ってくるよ。
A：上海では何をしたいの？
B：有名な古い家に行きたい。お父さんとお母さんは中国の踊りが見たい。妹は中華料理をたくさん食べたい。彼女は作り方も知りたいって。
A：まあ，私も知りたいわ。帰ってきたらあなたの家へ行って，妹さんから作り方を習ってもいい？
B：いいよ。
質問1　タロウの家族は去年どこへ行きましたか。
質問2　上海への旅行はどのくらいの予定ですか。
質問3　メアリーはなぜタロウの家へ行きたいのですか。

解説

タロウの夏の予定を聞いている会話。去年は韓国へ行き，今年はカナダと米国へ行く予定であったが，上海へ行くように変更となった。8月2日から3日間で，妹は中華料理の作り方を習いたいと言っているので，帰ってきたらメアリーは妹に料理を習いたい。メアリーが最後に言っているlearn about itとは，how to cook Chinese foodということである。

発音

長めの会話では，個々の細かな発音をあまり気にせず，できるだけ全体的な内容を理解することを心がけ，キーワードとなる部分を聞き逃さないようにする。Korea last year, August 2nd, August 5th, learn about itなどがここでのキーワードとなっている。

単語・文法

plan「予定，計画」　usually「いつも」　summer vacation「夏休み」　last year「去年」　Shanghai「上海」　fly「飛ぶ」→「飛行機に乗る」　sightseeing「観光」　famous「有名な」

7. 旅行に関する会話②

基礎

解答　問1 エ　問2 ウ　問3 ア　問4 エ, カ

放送された英文

Fred: You are going to Canada soon, aren't you? When are you leaving?
Yumi: Next week. I'm going there to study English.
Fred: Wonderful. Is this your first trip to Canada?
Yumi: No. I stayed there for a week last summer. This time I'll stay there for a month with a host family.
Fred: Great. Are your bags ready?
Yumi: Not yet. I have a lot of things to take with me.
Fred: Are you going to take your father's camera?
Yumi: No. It's too big. I have already bought a small digital camera.
Fred: I see. You should take pictures of your family with you. They will help you when you introduce yourself to your host family.
Yumi: I will also take some traditional

Japanese things. Look at this.
Fred: Oh, that's a great idea!
Question 1 Has Yumi ever been to Canada?
Question 2 Why does she want to go there?
Question 3 How long is she going to stay in Canada?
Question 4 What is she going to take with her?

> 日本語訳

フレッド：もうすぐカナダへ行くんだよね。いつ出発？
ユミ：来週。問2 英語の勉強をするために行くの。
フレッド：すばらしいね。カナダへは初めて？
ユミ：問1 いいえ。去年の夏に1週間いたわ。今度はホストファミリーのところに問3 1か月いるの。
フレッド：すばらしい。荷物の用意はできた？
ユミ：いいえ，まだ。持って行くものがたくさんあるの。
フレッド：お父さんのカメラを持って行くの？
ユミ：いいえ，大きすぎるわ。小さいデジカメをもう買ったから。
フレッド：そうなんだ。問4 家族の写真を持って行くといいよ。ホストファミリーに自己紹介するときに役に立つから。
ユミ：問4 日本の伝統的なものも持って行くの。これ見て。
フレッド：ああ，いい考えだね。
問1　ユミはカナダへ行ったことがありますか。
ア．去年の夏。
イ．はい，行きました。
ウ．いいえ，彼女ではありません。
エ．はい，あります。
問2　なぜ彼女はそこへ行きたいのですか。
ア．写真を撮るため。
イ．はい，彼女はします。
ウ．英語の勉強をするため。
エ．はじめて。
問3　彼女はカナダにどのくらい滞在するでしょうか。
ア．1か月　イ．先週
ウ．1週間　エ．去年の夏
問4　彼女は何を持って行くでしょうか。

> 解説

問1…ユミは去年の夏にカナダへ行ったと言っているが，質問はユミがカナダへ行ったことがあるかどうかを訪ねているので，答え方としてはエが正しい。
問2…ユミがカナダへ行く理由は，英語を勉強するためなので，ウが正解。
問3…ユミはカナダでホストファミリーのところに1か月滞在すると言っているので，正解はアである。
問4…ユミがカナダへ持って行くものは，家族の写真と日本の伝統的なものと言っているので，エとカである。浴衣が日本の伝統的なものといえる。父のカメラは大きすぎるので持って行かず，小さなデジカメを買ったから，アは含まれない。

> 発音

digital「デジタル」ではなく[dídʒitl]「ディジタ−（ル）」，traditional [trədíʃənl]も「トゥラディショナー（ル）」と聞こえる。

> 単語・文法

introduce oneself「自己紹介する」　traditional「伝統的な」

応用

> 解答　問1 ウ　問2 イ　問3 ア

> 放送された英文

Haruka: Good morning, Takeshi.
Takeshi: Good morning, Haruka. I haven't seen you for a long time. Where were you?
Haruka: I was in Australia for two weeks.
Takeshi: That's good! How was your trip?
Haruka: I really enjoyed it. Australia is a big country, and everything was interesting in Australia.
Takeshi: What did you do in Australia?
Haruka: I like swimming, so I went to the sea every day.
Takeshi: Really? How was the weather there?
Haruka: It was sunny and hot. In Australia it is summer now.
Takeshi: I see. I read a book about Australia

in the library. The sea was very beautiful in the book.

Haruka: Right. Well, these are for you, Takeshi.

Takeshi: Oh, some nice pens! Thanks.

Haruka: You're welcome.

質問します。

No.1 How many days was Haruka in Australia?

No.2 What did Takeshi get from Haruka?

No.3 What are they talking about?

日本語訳

ハルカ：おはよう，タケシ。

タケシ：おはよう，ハルカ。しばらくぶりだね。どこへ行ってたの。

ハルカ：問1 2週間問3 オーストラリアにいたの。

タケシ：それはいいね。旅行はどうだった。

ハルカ：すごく楽しかったわ。オーストラリアは大きな国で，すべてが興味深かったわ。

タケシ：オーストラリアでは何をしたの。

ハルカ：水泳が好きだから，毎日海に行ったわ。

タケシ：ほんとう。向こうの天気はどうだった。

ハルカ：晴れてて暑かったわ。オーストラリアは今夏なの。

タケシ：そうか。図書館でオーストラリアに関する本を読んだよ。その本では海がきれいだった。

ハルカ：その通りよ。ああ，これあなたに。タケシ。

タケシ：おや，問2 すてきなペンだね。ありがとう。

ハルカ：どういたしまして。

問1 ハルカは何日間オーストラリアにいましたか。
ア．2日間　　イ．7日間
ウ．14日間　エ．60日間

問2 タケシはハルカから何をもらいましたか。
ア．オーストラリアに関する本をもらった。
イ．すてきなペンをもらった。
ウ．ハルカからの手紙をもらった。
エ．きれいな写真をたくさんもらった。

問3 彼らは何について話していますか。
ア．ハルカの旅行について。
イ．タケシの夏休みについて。
ウ．ハルカのお気に入りの本について。
エ．タケシの宿題について。

解説

問1…下線部1で，2週間といっている。2週間は14日間と同じなのでウが正解。

問2…下線部2からタケシはハルカからすてきなペンをもらったことがわかるので，イが正しい。

問3…会話全体からも判断できるが，下線部問3でハルカがオーストラリアへ旅行に行っていたと言っているので，アが正解である。

発音

それぞれの質問に対する答えのキーワードとなることばの発音に注意。

問1 for two weeks 「ウィークス」の[ks]は弱く発音される。

問2 some nice pens [pénz]は複数形

問3 I was in Australia [ɔːstréiljə]とアクセントが第2音節にある。

単語・文法

for a long time「長い間」 really「ほんとうに」 interesting「興味深い」 weather「天気」 sunny「晴れ」 hot「暑い」

8. 誕生日についての会話

基礎

解答　1番 ア　2番 エ　3番 ウ

放送された英文

Sarah: You know, tomorrow is our mother's birthday, Matt.

Matt: Yes. What are we going to give her?

Sarah: I'm thinking about that now.

Matt: We're lucky it's Saturday today. We can go shopping together.

Sarah: OK. Do you have any good ideas?

Matt: How about a bag?

Sarah: Again? We gave a red bag last year.

Matt: Oh, did we?

Sarah: Yes. So, I'm thinking about a T-shirt this time.

Matt: Um. That's good. What color does she like?

Sarah: Her favorite color is orange. So let's

find an orange T-shirt.
Matt: All right. And she likes dogs, so let's find a T-shirt with a cute dog on it.
Sarah: Good idea!

1番　When is their mother's birthday?
2番　What did they give their mother for her birthday present last year?
3番　What present will their mother get for her birthday this year?

日本語訳

サラ：あのね，問1明日はお母さんの誕生日よ，マット。
マット：そうだね。何をあげようか。
サラ：今それを考えてたの。
マット：問1今日が土曜日でよかった。いっしょに買い物に行けるね。
サラ：そうだね。何かいい考えはある？
マット：カバンはどう？
サラ：また？問2去年赤いカバンをあげたわ。
マット：ええ，そうだった。
サラ：そうよ。だから私は，今度はTシャツと思ってたの。
マット：うん。それはいいね。何色が好きかな。
サラ：彼女の好きな色はオレンジよ。だから問3オレンジのTシャツを見つけましょう。
マット：いいよ。それに彼女は犬も好きだから，問3かわいい犬の絵のついたTシャツを探そう。
サラ：いいわね。

1番　お母さんの誕生日はいつですか。
ア．日曜日　イ．月曜日
ウ．金曜日　エ．土曜日
2番　去年の誕生日に彼らはお母さんに何をあげましたか。
ア．Tシャツ　イ．アイディア
ウ．犬　　　エ．カバン
3番　今年の誕生日にお母さんは何をもらいますか。
ア．犬の絵のついた赤いカバン
イ．猫の絵のついた赤いカバン
ウ．犬の絵のついたオレンジのTシャツ
エ．猫の絵のついたオレンジのTシャツ

解説

1番…今日は土曜日で，明日がお母さんの誕生日ということは，誕生日は日曜日になるから，**ア**が正解。
2番…下線部から，去年のお母さんの誕生日には赤いカバンをプレゼントしたので，**エ**が正しい。
3番…今年のプレゼントは，オレンジのTシャツで，かわいい犬の絵のついたものにしようと相談しているので，**ウ**となる。

発音

答のキーワードとなる次のことばの発音で，語尾の[d]，[g]，[t]などの脱落や複数の単語の連結に注意。
tomorrow「トゥモロウ」
it's Saturday「イッツサタデイ」
a red bag「アレッ（ドゥ）バッ（グ）」語尾の脱落。
an orange T-shirt「アンノリンジ」の連結。
a T-shirt with a cute dog on it「アキュー（ト）ドッゴンニッ（トゥ）」語尾の脱落と連結。

単語・文法

lucky「運がよい」　together「いっしょに」　this time「今回は」　favorite「お気に入りの」　cute「かわいい」

応 用

解答　問1 **ア**　問2 **イ**　問3 **エ**

放送された英文

Kazuo: Hello.
Nancy: Hello. This is Nancy. Is this Kazuo?
Kazuo: Yes. Hi, Nancy.
Nancy: Happy birthday, Kazuo, and thank you for inviting me to your birthday party. Kazuo, you told me how to get to your house yesterday, but I don't know the way very well.
Kazuo: Where are you now?
Nancy: I'm in the department store to get you a birthday present.
Kazuo: Oh, thank you. Nancy, go back to the station. There is a bus stop in front of it. Please take the No.5 bus and get off at "Hinodebashi," and look to the right. Near the bus stop, you can see a gas station, and then, the post office. My house is between them.

Nancy: I got it. But how far is it from here to "Hinodebashi"?

Kazuo: It's not so far. It takes about ten minutes by bus.

Nancy: Really? It's ten thirty now. If I can get a bus soon, I can get to your house at eleven o'clock. Has everyone come yet?

Kazuo: Yes, but we are planning to begin the party at eleven thirty. So, you won't be late.

Nancy: I hope so. See you soon.

Kazuo: OK. Bye.

(1) Why is Nancy in a department store?
(2) Where is Kazuo's house?
(3) What time will Kazuo's birthday party begin?

日本語訳

和夫：もしもし。

ナンシー：もしもし。ナンシーだけど。和夫？

和夫：そうだよ。やあ，ナンシー。

ナンシー：お誕生日おめでとう，和夫。それから誕生日パーティに招待してくれてありがとう。和夫，昨日あなたの家に行く行き方をおしえてくれたけど，あまりよくわからないの。

和夫：今どこにいるの？

ナンシー：問2 あなたのプレゼントを買うためにデパートにいるわ。

和夫：あ，ありがとう。ナンシー，駅に戻って。その前にバス停があるから。5番のバスに乗って日の出橋でおりて，右を見て。バス停の近くに，問3 ガソリンスタンドが見える。それから郵便局。僕の家はその間だから。

ナンシー：わかったわ。でもここから日の出橋まではどのくらいかかるの。

和夫：それほど遠くないよ。バスで10分くらいだよ。

ナンシー：本当？今10時30分だから，すぐにバスに乗れば，11時にはあなたの家に着くわね。もうみんな来てる？

和夫：ああ，でも問4 11時30分にパーティを始める予定だから，遅刻じゃないよ。

ナンシー：そうだといいけど，じゃあ後ほど。

和夫：じゃあ。またね。

問1 なぜナンシーはデパートにいるのですか。
ア．和夫に誕生日プレゼントを買うため。
イ．バスを待つため。
ウ．和夫と昼食を食べるため。
エ．電車に乗るため。

問2 和夫の家はどこですか。
ア．ガソリンスタンドと日の出橋バス停の間
イ．ガソリンスタンドと郵便局の間
ウ．デパートとガソリンスタンドの間
エ．駅とガソリンスタンドの間

問3 何時に和夫の誕生日パーティは始まりますか。
ア．10時 イ．10時30分
ウ．11時 エ．11時30分

解説

問1…ナンシーは和夫に誕生日プレゼントを買うためにデパートにいると言っているので，**ア**が正解。

問2…和夫の家はガソリンスタンドと郵便局の間と言っているので，**イ**が正しい。

問3…会話中には現在の時刻10時30分，ナンシーが和夫の家に着く時間として11時，パーティの開始時間の11時半が出てくるが，パーティを始める時間が問われているのだから11時30分の**エ**が正解。

発音

get you「ゲッチュウ」 gas station「ギャステーシュン」 post office「ポストフィス」の連結に注意。

単語・文法

invite「招待する」 the way「道順」 department store「デパート」 in front of〜「〜の前に」 get off「降りる」 look to〜「〜（の方向）を見る」 gas station「ガソリンスタンド（standは和製英語）」 post office「郵便局」 between「〜の間」 how far〜?「どのくらい遠いですか」 be late「遅れる」

9. 本に関する会話

基礎

解答 問1 エ 問2 ア 問3 エ

放送された英文

John: Hello, Yuki.
Yuki: Hi, John.
John: Do you often come to this library?
Yuki: Yes, I do.
John: What are you doing with the computer?
Yuki: I'm looking for some books to do my homework.
John: What books are you looking for?
Yuki: Books about Japanese food.
John: I want to find some books too. Can you find books for me?
Yuki: Sure. What books do you want to find?
John: Books about animals in the world. I want books written in English.
Yuki: OK. I'll look for them. (a few seconds) Oh, I have found two books.
John: That's nice. Thank you.
質問します。
No.1 : Where are Yuki and John talking?
No.2 : What is Yuki doing with the computer?
No.3 : What books did Yuki find for John?

日本語訳

ジョン：こんにちは，ユキ。
ユキ：こんにちは，ジョン。
ジョン：問1この図書館へはよく来るの？
ユキ：ええ。
ジョン：コンピューターで何をしてるの？
ユキ：問2宿題をするために本を探しているの。
ジョン：どんな本を探しているの？
ユキ：日本食についての本。
ジョン：僕も本を探してるんだ。探してくれるかな？
ユキ：いいわ。どんな本が見つけたいの？
ジョン：問3世界の動物についての本。英語で書かれているのがいい。
ユキ：いいわ。探してみるわ。（しばらくして）あ，2冊見つかったわ。
ジョン：よかった，ありがとう。

問1 ユキとジョンはどこで話をしていますか。
ア．コンピューターで。　イ．ユキの家で。
ウ．宿題のために。　エ．図書館で。
問2 ユキはコンピューターで何をしていますか。
ア．彼女は本を探している。
イ．彼女は本を読んでいる。
ウ．彼女は手紙を書いている。
エ．彼女はジョンの手紙を読んでいる。
問3 ユキはジョンのためにどんな本を見つけましたか。
ア．ユキの宿題のための本。
イ．日本語で書かれた本。
ウ．日本食についての英語の本。
エ．動物についての英語の本。

解説

問1…下線部(1)からユキとジョンは図書館にいることがわかるので，**エ**が正しい。
問2…ユキは，宿題をするための本を探していると言っているので，**ア**が正解。
問3…下線部(3)から，ユキは動物について書かれた英語の本をジョンのために探しているので，**エ**が正解となる。

発音

library「ライブラリ」に注意。computer [t]が[l]のように聞こえ「コンピュラ」となる。written in English「リトゥンニンニングリシュ」と連結される。

単語・文法

library「図書館」　often「しばしば」　look for〜「〜を探す」　homework「宿題」

応用

解答 問1 **エ** 問2 **ア** 問3 **ウ** 問4 **イ** 問5 **エ**

放送された英文

Kyoko: Hello, Mr. Brown.
Mr. Brown: Oh. Hi, Kyoko. Are you looking for any books?
Kyoko: Yes, I'm looking for an English book about Japanese culture. I'm going to go to Australia next month with some of my friends and my English teacher. In Australia, we are going to visit a high school and give the book as a present to the students there.
Mr. Brown: That's good! Have you found a good book for them?

Kyoko: Yes, I have. But there are two books that are good. Look at these books. This is a book about Japanese food, and this one shows Japanese festivals in many places. Which is better, Mr. Brown?

Mr. Brown: Well, I think the book about Japanese festivals is better. Festivals will be exciting for the students.

Kyoko: You're right. I'll buy it. Thank you, Mr. Brown.

Mr. Brown: You're welcome, Kyoko. What are you going to do at the high school?

Kyoko: We are going to have a music class with the students. After that we are going to have a party together. In the party, there will be a speech time, and I will tell them something about Japan. Oh, in my speech, I can use this book and talk about Japanese festivals!

Mr. Brown: That's a good idea! They will enjoy your speech.

Kyoko: I really hope so. I will think about my speech at home today. Well, Mr. Brown, did you come here to look for any books?

Mr. Brown: Yes, I want a book about old Japanese buildings. I am studying Japanese culture because I want to know about Japan more. Now, I will go to find my book. See you at school tomorrow.

Kyoko: See you, Mr. Brown.

Question No.1 : When is Kyoko going to go to Australia?
Question No.2 : How many books does Kyoko show Mr. Brown?
Question No.3 : What will Kyoko talk about in her speech?
Question No.4 : Why is Mr. Brown studying Japanese culture?
Question No.5 : Has Mr. Brown found a book about old Japanese buildings?

日本語訳

きょうこ：こんにちは，ブラウン先生。

ブラウン先生：やあ，きょうこ。何か本を探してるの？

きょうこ：はい。日本文化についての英語の本を探してます。問1来月オーストラリアに友達と英語の先生といっしょに行くことになっています。オーストラリアでは，高校を訪問して，そこで生徒に本をプレゼントとして渡すのです。

ブラウン先生：それはすばらしい。彼らのためにいい本は見つかった？

きょうこ：はい，見つかりました。でも，問2よいのが2冊あって。これを見てください。こちらは日本食に関してで，こちらはいろいろな場所の日本のお祭りを紹介してます。どちらがいいですか，ブラウン先生。

ブラウン先生：そうだね，日本のお祭りの方がいいと思うよ。お祭りは生徒たちにとっておもしろいからね。

きょうこ：そうですね。この本を買います。ありがとう，ブラウン先生。

ブラウン先生：どういたしまして，きょうこ。その高校では何をするつもり？

きょうこ：生徒といっしょに音楽のクラスがあります。その後でいっしょにパーティをやります。そのときにスピーチの時間があります。それで私が日本について話しをします。ああ，私のスピーチではこの本が使えますし，問3日本のお祭りについて話します。

ブラウン先生：それはいい考えだね。みんなあなたのスピーチが気に入るよ。

きょうこ：そうだといいですね。今日家でスピーチを考えます。ところでブラウン先生，ここへは何か本を探しに来たのですか？

ブラウン先生：ええ。日本の古い建物の本が欲しいんです。問4日本についてもっと知りたいので，日本の文化の勉強をしています。それじゃ，問5本を探しに行きます。明日学校で会いましょう。

きょうこ：さようなら，ブラウン先生。

問1　きょうこはいつオーストラリアへ行きますか。
ア．今週。　イ．来週。
ウ．今月。　エ．来月。

問2　きょうこはブラウン先生に何冊の本を見せますか。

ア．2冊。　　イ．3冊。
ウ．4冊。　　エ．5冊。
問3　きょうこはスピーチで何について話しますか。
ア．彼女の学校の図書館。
イ．彼女の学校の校歌。
ウ．日本のお祭り。
エ．日本食。
問4　なぜブラウンさんは日本文化の勉強をしていますか。
ア．日本のパーティをもっと楽しむため。
イ．日本についてもっと知るため。
ウ．もっと多くの日本の生徒と話しをするため。
エ．もっと多くの日本の高校を訪ねるため。
問5　ブラウンさんは古い日本の建物に関する本を見つけましたか。
ア．はい，彼はします。
イ．いいえ，彼はしません。
ウ．はい，彼はしました。
エ．いいえ，彼はしていません。

解説

問1…きょうこは，来月オーストラリアに友達と英語の先生といっしょに行くことになっているとブラウン先生に答えているので，**エ**が正しい。
問2…オーストラリアの高校で生徒にプレゼントする本として，2冊よいのが見つかったと言っているので，**ア**が正解。
問3…オーストラリアの高校では，パーティの後にきょうこがスピーチをし，日本のお祭りについて話すと言っているので，**ウ**が正解となる。
問4…ブラウン先生は日本の文化について勉強しているが，それは日本についてもっと知りたいからだと言っているので，答は**イ**となる。
問5…最後にブラウン先生はこれから本を探しに行くと言っているので，まだ本を見つけていないことがわかるので，No が答となるが，has の疑問文に対しては，同じく has を使って答えるから，**エ**が正しい。

発音

Australia [ɔ(:)stréiljə]「オーストレイリア」とアクセントが位置が日本語とは異なる。festivals「フェスティバー(ル)ス」と [l] が聞こえないので注意。

単語・文法

look for「探す」　culture「文化」　festival「お祭り」　exciting「興奮させる」

4　会話文の内容－メモ穴埋め問題，内容真偽問題

1．伝言メモの完成（日本語）

基礎

解答　A **2つ目の信号**　B **左**　C **右側**　D **公園**

放送された英文

Masato: Excuse me. I heard there's a library around here. How do I get there?
Woman: A library? Oh, yes. Go down this street and turn left at the second traffic light. OK?
Masato: Yes.
Woman: Then, cross the bridge. You'll see it on your right. It's by the park.
Masato: OK. Thank you.
Woman: You're welcome.

日本語訳

正人：すみません。このあたりに図書館があると聞いたのですが，どうやって行けばいいですか。
女性：図書館ですか？　ああ，この通りをまっすぐ行って，2つ目の信号を左に曲がってください。わかりましたか？
正人：はい。
女性：それから橋を渡って，右側にあります。公園のそばです。
正人：わかりました，ありがとうございます。
女性：どういたしまして。

解説

図書館までの道順をたずねている会話である。2つめの信号を左に曲がり，橋を渡って，右側。公園のそばに図書館はある。どこで，どの方向に曲がるなどがキーワードとなっているので，注意して聞き取るとともに，メモを忘れずに取るようにするとよい。

発音

traffic light と on your right の [l] と [r] は，音の違

いではなく意味から区別するとよい。

単語・文法

library「図書館」 around here「このあたりに」
go down「まっすぐ行く」 traffic light「信号」
cross「渡る」 by 〜「〜のそばに」

応用

解答 ①2 ②c

放送された英文

Tom: What are you doing, Keiko?
Keiko: Oh, hello Tom! I am writing an e-mail to my family in Japan.
Tom: Do you often send e-mails to your family?
Keiko: Yes, two times every day.
Tom: Two times every day?
Keiko: Yes. I have many interesting things to tell my family.
Tom: Oh, I'm glad you are having a good time here in Canada.

日本語訳

トム：何をしているの，ケイコ。
ケイコ：ああ，こんにちは，トム。日本にいる家族にメールを書いているところ。
トム：家族にはよくメールを送るの。
ケイコ：ええ。毎日2回。
トム：毎日2回。
ケイコ：ええ。家族に話す楽しいことがたくさんあるの。
トム：そう，カナダでのくらしを楽しんでいるようでうれしいよ。

解説

ケイコが日本の家族にメールを送るのは，毎日2回。家族に伝えたい楽しいことがたくさんあるからと説明した。

発音

two times every day「トゥータイムスエヴリデイ」とI have many interesting things to tell my familyがキーワードなので，注意して聞き逃さない。

単語・文法

e-mail「電子メール」 two times every day「毎日2回」 interesting「おもしろい，興味深い」 be

glad「うれしい」 have a good time「楽しむ」

2. インタビューの内容のメモ穴埋め（日本語）

基礎

解答 (1) 青，4 (2) 11，火

放送された英文

Mike: You did a good job. People enjoyed your performance very much.
A woman: Thank you. I also enjoyed dancing.
Mike: You look very nice in that blue costume.
A woman: Oh, thank you. I made it.
Mike: When did you start dancing?
A woman: Well, I started about four years ago.
Mike: Five people were in the performance today. How many members are there in your group?
A woman: There are nine members now, but two more young people will join us soon.
Mike: How often do you dance?
A woman: We practice every Tuesday and dance in many different festivals. We sometimes visit elderly people and dance for them as volunteers.
Mike: You are very busy. OK. Thank you very much.
A woman: You're welcome.

日本語訳

マイク：すばらしかったです。みんなあなたの演技を楽しみました。
女性：ありがとう。私もダンスを楽しんだわ。
マイク：(1-1)青い衣装がとてもお似合いですね。
女性：まあ，ありがとう。自分で作ったのよ。
マイク：いつダンスを始められたのですか。
女性：ええと，だいたい(1-2)4年前からね。
マイク：今日の演技には5人がいました。あなたのグループには何人いるのですか。
女性：(2-1)今9人いますが，あと2人の若い人がもうじき加わるわ。
マイク：何回くらいダンスをするのですか。
女性：(2-2)毎週火曜日に練習をして，多くのお祭

りでダンスをするわ。お年寄りを訪問してボランティアでダンスをすることもあるわ。
マイク：とてもお忙しいですね。では，ありがとうございました。
女性：どういたしまして。

解説
下線部(1-1)から女性は青い色の衣装を着ていたことがわかる。また，(1-2)では4年前から踊りを始めたと言っている。下線部(2-1)で現在9人いるが，あと2人加わると言っているので，合計が11人となる。(2-2)から，毎週火曜日に練習をしていることがわかる。

発音
答えを出す上でキーワードとなっているblue, four years ago「イアーザゴー」, nine, two, Tuesday の聞き取りに注意する。

単語・文法
You did a good job「よくやった」 performance「演技」 enjoy ~ ing「~するのを楽しむ」 costume「衣装」 start ~ ing「~し始める」 join「加わる」 practice「練習する」 festival「お祭り」 elderly people「高齢者」 volunteer「ボランティア」

応用

解答 (1) シンガポール (2) 3 (3) 清水寺 (4) 美しい

放送された英文
Ken: Excuse me. My name is Suzuki Ken. I am a student. May I ask you a few questions?
Ms. Lee: Yes. My name is Christine Lee. Nice to meet you, Ken.
Ken: Nice to meet you too, Ms. Lee. I have four questions to ask you. Is that OK?
Ms. Lee: Yes.
Ken: The first question is "What country are you from?"
Ms. Lee: I am from Singapore. Tomorrow I'm going to leave Japan and then visit Canada.
Ken: Is this your first visit to Japan? Or have you visited Japan many times?
Ms. Lee: Not so many. This is my third time. And this is my second visit here in Kyoto. I visited *Kinkaku-ji*, *Heian-jingu* and *Nijo-jo* yesterday.
Ken: I see. So you like many places here in Kyoto, Ms. Lee? Which is your favorite?
Ms. Lee: It's *Kiyomizu-dera*.
Ken: That's great. And now, our last question. What do you think about Japan?
Ms. Lee: Japan is beautiful.
Ken: I'm happy to hear that. Thank you very much, Ms. Lee. Have a nice trip.
Ms. Lee: I've enjoyed talking with you. Good-bye.

日本語訳
ケン：すみません。僕はスズキケンといいます。学生です。いくつか質問してもいいですか。
リーさん：いいですよ。私はクリスティーン・リーです。初めまして，ケン。
ケン：初めまして，リーさん。4つ質問がありますが，いいですか。
リーさん：いいですよ。
ケン：最初の質問は，あなたはどこの国の出身ですか。
リーさん：(1)シンガポールです。明日日本を発って，カナダへ行きます。
ケン：日本へ来るのは初めてですか。それとも日本へは何回も来たことがありますか。
リーさん：それほど多くはないです。(2)今回が3回目です。それから，ここ京都へは2回目です。昨日金閣寺，平安神宮，二条城へ行きました。
ケン：そうですか。ここ京都のいろいろな場所が好きですか，リーさん。どこがお気に入りですか。
リーさん：(3)清水寺です。
ケン：すばらしいですね。それから，最後の質問です。日本についてどう思いますか。
リーさん：(4)日本はきれいですね。
ケン：それを聞いてうれしいです。ありがとうございました，リーさん。すてきなご旅行を。
リーさん：お話しできて楽しかったわ。さようなら。

解説
(1) …最初の質問で，どこの出身かという問に対し，下線部(1)でシンガポールと答えている。
(2) …下線部(2)から今回が3回目であることがわかる。京都を訪れた2回と間違えないように。
(3) …金閣寺，平安神宮，二条城にも行ったが，清水寺が一番のお気に入りだと言っている。
(4) …下線部(4)で日本はbeautifulと言っているが，「きれい，美しい」どちらでもよいであろう。

発音
Singaporeは，日本語のような「シンガポール」ではなく，[síŋɡəpɔːr]と第1音節にアクセントがある。third time [t] [d] が同化し「サー(ドゥ)タイム」となる。

単語・文法
a few「いくつか」 leave「〜を離れる」 not so many「それほど多くはない」 favorite「お気に入りの」

3. インタビューの内容のメモ穴埋め(英語)

基礎

解答 ① July ② movies ③ history

放送された英文
Akira: Good morning, Rose-*sensei*.
Rose: Hi, Akira.
Akira: I hear today is your last visit to our school. When will you go back to Canada?
Rose: On July 27th.
Akira: Oh, you have only two weeks in Japan.
Rose: Yes. I can't believe it.
Akira: Well, I know you like watching movies. What kind of movies are you interested in now?
Rose: I like Japanese movies the best now. I enjoyed many of them.
Akira: I see. Next question, what are you going to do in Canada?
Rose: I want to teach world history at a high school.
Akira: That's great. Please come back to Japan again.
Rose: Thank you.

日本語訳
アキラ：おはようございます。ローズ先生。
ローズ：はい，アキラ。
アキラ：今日が学校に来るのは最後だって聞きましたが。カナダにはいつ帰るのですか。
ローズ：①7月27日。
アキラ：日本には2週間だけですか？
ローズ：そうです。信じられません。
アキラ：ええと，映画を見るのがお好きだと思いますが，今どのような映画に興味がありますか。
ローズ：今日本の②映画がいちばん好きです。いろいろ楽しみましたよ。
アキラ：そうですか。次の質問です。カナダでは何をするつもりですか。
ローズ：高校で③世界史を教えたいです。
アキラ：いいですね。また日本へ来てください。
ローズ：ありがとう。

解説
アキラがローズ先生にインタビューしている会話である。いつカナダへ帰るのか，日本で好きなこと，カナダで何をするかが問われている。
① …July 27thから，Julyと書けばよい。
② …Japanese moviesと言っているので，日本映画が好きだった。複数形で答えることに注意すること。
③ …world historyから，カナダへ戻ったら世界史を教えたいということがわかる。

発音
July「ジュライ」の発音をしっかり聞き取る。moviesは複数形なので語尾にsを忘れない。history「ヒストゥリ」と発音され，日本語のような「ヒストリ」とは異なることに注意。

単語・文法
visit「訪問」 be interested in 〜「〜に興味がある」

応用

解答 ① second ② music ③ soccer

放送された英文
Sakiko: Hello, Jason. My name is Sakiko. Nice to meet you.
Jason: Hi, Sakiko. Nice to meet you, too.
Sakiko: I want to ask you some questions.

Jason: OK.
Sakiko: Is this your first time to visit Japan?
Jason: No. This is my second time.
Sakiko: Why did you come to Japan?
Jason: I want to speak and write Japanese better.
Sakiko: When did you start learning Japanese?
Jason: I was twelve when I started.
Sakiko: What subject do you like the best?
Jason: I like music the best.
Sakiko: Me, too. I'm in the music club of our school. What club are you in?
Jason: I'm a member of a soccer team.
Sakiko: Really? I hear you like baseball.
Jason: Yes, but now I like soccer better.
Sakiko: That's all. Thank you very much.
Jason: You're welcome.

日本語訳

サキコ：こんにちは，ジェイソン。私はサキコです。お会いできてうれしいです。
ジェイソン：やあ，サキコ。僕も会えてうれしいです。
サキコ：あなたにいくつか質問したいですが。
ジェイソン：いいですよ。
サキコ：日本へ来るのは今回がはじめてですか。
ジェイソン：いいえ。これが2回目です。
サキコ：なぜ日本へ来たのですか。
ジェイソン：日本語がうまく話せて書けるようになりたいからです。
サキコ：日本語の勉強はいつから始めたのですか。
ジェイソン：始めたときは12歳でした。
サキコ：どの科目が一番好きですか。
ジェイソン：音楽が一番好きです。
サキコ：私もです。私は学校の音楽部に入っています。あなたは何部に入っていますか。
ジェイソン：僕はサッカー部に入っています。
サキコ：ほんとうですか。あなたが野球が好きだと聞いていましたが。
ジェイソン：はい。でも今はサッカーの方が好きです。
サキコ：これで終わりです。どうもありがとうございました。

ジェイソン：どういたしまして。

解説
① …ジェイソンはこれが2回目の日本訪問である。second time が正解。
② …彼が好きな科目は音楽なので，music と書く。
③ …彼はサッカー部に入っているので，soccer と書くのが正しい。

発音
それぞれの空所を埋めるうえでキーワードとなる下記のことばを聞き逃さないよう注意して聞く。
① second time「セカン(ド)タイム」
② music「ミュージック」
③ soccer「サッカー」

単語・文法
start ～ing「～し始める」 subject「科目」

4. 内容真偽問題

基礎

解答 ア a. 誤 b. 誤 c. 正

放送された英文
Takashi: I gave a present to my host mother.
Lisa: What was it?
Takashi: A beautiful Japanese *furoshiki*.
Lisa: Did she like it?
Takashi: Yes, very much. But she tried to wear it when she opened the present.
Lisa: Oh, did she?
Takashi: Yes. After that I showed her how to use it. Then, she smiled.
Lisa: That's good. I did the same thing just after I came to Japan. I thought a *furoshiki* was something to wear, too.
Takashi: Oh, you too?
Lisa: Yes, but now I use my *furoshiki* as a bag. One of my friends put a beautiful *furoshiki* on the wall like a picture.
Takashi: Oh, really? That's a nice idea.
Question: What did the host mother do when Takashi gave her a *furoshiki*?
次に a, b, c 3つの英文を読みます。

a. Takashi gave a *furoshiki* to Lisa and asked her how to use it.

b. Takashi smiled when he heard that Lisa used her *furoshiki* as a bag.
c. Takashi thought Lisa's friend had a good idea for using a *furoshiki*.

日本語訳
タカシ：a 僕はホストファミリーの母親にプレゼントを渡しました。
リサ先生：何をあげたの？
タカシ：a きれいな日本の風呂敷です。
リサ先生：彼女は気に入った？
タカシ：はい。すごく。でもプレゼントを開けたときに 問 それを身につけようとしたんです。
リサ先生：そうなの？
タカシ：はい。その後で使い方を教えたら，笑ってました。
リサ先生：よかったわ。私も日本へ来たとき同じことをしたわ。私も風呂敷は身につけるものだと思った。
タカシ：あなたもですか？
リサ先生：ええ。でも，b 私は風呂敷をカバンとして使ってるわ。友達の1人はきれいな風呂敷を絵のように壁に飾ってるわ。
タカシ：ええ，本当？c それはいい考えですね。
問：タカシが風呂敷をあげたとき，ホームステイ先の母親は何をしましたか。
ア．それを身につけようとした。
イ．それを壁に飾った。
ウ．それをカバンとして使った。
a．タカシはリサ先生に風呂敷をあげ，その使い方をたずねた。
b．リサ先生が風呂敷をカバンとして使ったと聞いて，タカシはほほえんだ。
c．リサ先生の友達の風呂敷の使い方はよい考えだ，とタカシは思った。

解説
問…タカシがホストファミリーの母親に風呂敷をあげたとき，それを身につけようとしたと言っているので，**ア**が正解。
a…タカシはホストファミリーの母親に風呂敷をあげたと言っているので，リサ先生にはあげていないから，会話の内容とは異なる。
b…リサ先生は風呂敷をカバンとして使っているとは言っているが，それを聞いてタカシがほほえんだということは会話の中ではわからない。また，会話中でほほえんだと言っているのは，ホストファミリーの母親である。
c…リサの友達が風呂敷を絵のように壁に飾っていると聞き，タカシはそれはいい考えだと言っているので，cは会話の内容と一致する。

発音
host, it では語尾の[t]が脱落する。

単語・文法
smile「ほほえむ」 something to 〜「何か〜するもの」 use 〜 as ...「〜を...として使う」 wall「壁」

応用

解答 イ，オ

放送された英文
Sarah: Hi, Koji. It's very cold today.
Koji: Yes, Sarah. It's December now, so it's cold.
Sarah: Yes, I know December is cold in Japan but I don't like Japan's cold December. It's summer now in Australia. Students in Australia have a long summer vacation in December and January.
Koji: I didn't know that. You mean that you have Christmas during the summer vacation?
Sarah: Yes, that's right. I often enjoy Christmas with my family near the sea on a hot summer day.
Koji: Oh, that's interesting. We sometimes have snow on Christmas Day and we call it a white Christmas.
Sarah: That's nice. Do you think I can see snow on Christmas Day this December?
Koji: Yes, I think you can. It's very cold this winter, so we'll have a white Christmas.
Sarah: I hope so. I will write Christmas cards about it to my friends in Australia.
Koji: That's a good idea. I don't get Christmas cards but I get a Christmas present. Many Japanese children think that Santa Claus brings presents for them

on Christmas Day.
Sarah: It's the same in my country. When I was a child, my mother often said to me, "Be a good girl, if you want a present from Santa Claus."
Koji: My mother said so, too. It was great to learn about Christmas in Australia.

日本語訳
サラ：やあ，浩二。今日はとても寒いわね。
浩二：ええ，サラ。今は12月だから寒いんだよ。
サラ：そうね，日本では12月は寒いって知ってるけど，日本の寒い12月は好きじゃないわ。オーストラリアは今夏よ。オーストラリアの生徒たちは12月と1月には長い夏休みがあるわ。
浩二：それは知らなかった。夏休み中にクリスマスがあるってこと？
サラ：そうよ，その通り。私はいつも暑い夏の日に海のそばで家族とクリスマスを楽しむわ。
浩二：それはおもしろいね。僕らはクリスマスの日に雪が降ることが時々あって，ホワイトクリスマスって言うんだ。
サラ：すてきね。今年の12月のクリスマスの日に雪が見られると思う？
浩二：ｲああ。見られるよ。今年の冬は寒いから，ホワイトクリスマスになるよ。
サラ：そうなるといいわね。オーストラリアにいる友達にそのことについてクリスマスカードを書くわ。
浩二：それはいい考えだね。僕はクリスマスカードはもらわないけど，プレゼントはもらうよ。クリスマスの日にサンタクロースがプレゼントを持ってきてくれると，多くの日本の子供たちは思っている。
サラ：ｫ私の国でも同じよ。私が子供の頃，お母さんがよく言ってた。「もしサンタクロースからプレゼントがほしいなら，いい子にしてなさい」って。
浩二：僕のお母さんもそう言ってたよ。オーストラリアのクリスマスについて学ぶのもいいね。
ア．サラは，オーストラリアで暑い夏の日に海のそばで家族とクリスマスを過ごしたことはない。
イ．今年の冬はとても寒いので，サラは今年日本でクリスマスの日に雪を見ることができると浩二は思っている。
ウ．浩二がそうするように言ったので，サラは，日本でのホワイトクリスマスについてクリスマスカードに書くだろう。
エ．浩二はクリスマスの日に多くのプレゼントとまた多くのクリスマスカードももらう。
オ．オーストラリアの多くの子供は，クリスマスの日にサンタクロースがプレゼントを持ってくると考えている。
カ．サラはオーストラリアのクリスマスについて浩二に話したが，そのことについて知るのは彼にとってはすばらしいことではなかった。

解説
イ．…浩二は，今年の冬は寒いので雪が降りホワイトクリスマスになるであろうとサラに伝えているので，会話の内容と一致する。
オ．…浩二が，多くの日本の子供たちはクリスマスの日にサンタクロースがプレゼントを持ってきてくれると思っていると言ったのに対し，サラは，私の国でも同じよと答えているので，オーストラリアでも子供たちはサンタクロースがプレゼントを持ってくると信じている。

発音
Christmas [krísməs]「クリスマス」やSanta Claus [sǽntəklɔːz]「サンタクロウズ」のアクセントの位置に注意。

単語・文法
cold「寒い」 summer vacation「夏休み」 call ~ ...「～を…と呼ぶ」

第2章 英文を聞いて答える問題・その他の問題

5 イラストや図表を使った問題（英文）

1. 写真やイラストの描写についての問題

基礎

解答 1. ウ　2. ア

放送された英文

1の絵

ア．This has many colors. We can often see it at night.
イ．This has three colors. We cannot see it in Japan.
ウ．This has many colors. We can see it across the sky.
エ．This has three colors. We can see it in the sea.

2の絵

ア．He is a person who cuts people's hair.
イ．He teaches students English at school.
ウ．He is a person who builds houses.
エ．We often see him on TV. He tells us some news.

日本語訳

1
ア．これには多くの色があります。夜にしばしば見ることができます。
イ．これには3つの色があります。これは日本では見ることができません。
ウ．これには多くの色があります。空にわたってこれを見ることができます。
エ．これには3つの色があります。これは海で見ることができます。

2
ア．彼は人々の髪を切る人です。
イ．彼は学校で英語を教えます。
ウ．彼は家を建てる人です。
エ．私達は彼をよくテレビで見ます。彼は私達にニュースを伝えます。

解説

1．…イラストに表されているのは虹である。虹は7色で、3色ではないので、イやエは除外する。また虹は夜見えるのではなく、空にわたって見えるものので、**ウ**が正しい。

2．…イラストの人は美容師または理容師であろう。髪を切ることが仕事であるから**ア**が正解。

発音

colors [kʌ́lərz] は日本語の「カラー」と異なる。cuts people's hair「カッツピープーズヘア」と [l] の音が聞こえない。

単語・文法

at night「夜に」　across ～「～にわたって」　on TV「テレビで」

応用

解答 No.1 3　No.2 1

放送された英文

Questions:

No.1 The boys in the picture are on a school trip in Yokohama City. What are they doing?
1. They are sleeping in the park.
2. They are sitting on the chairs.
3. They are walking around the city.
4. They are playing tennis in the park.

No.2 There are some children in the room. What can we say about the children in the picture?
1. Many of them are sitting in the room.
2. A few of them are playing the piano.
3. All of them are running around the room.
4. Some of them are sleeping in the bed.

日本語訳

No.1　写真の少年たちは横浜市に遠足に来ています。彼らは何をしていますか。
1. 公園で寝ている。
2. 椅子に座っている。
3. 町中を歩いている。
4. 公園でテニスをしている。

No.2　部屋には数人の子供たちがいます。写真

の子供たちについてどのようなことが言えますか。
1. 彼らの多くは部屋の中で座っている。
2. 彼らの数人がピアノを弾いている。
3. 彼らは皆部屋の中を走り回っている。
4. 彼らの中の数人はベッドで寝ている。

解説

No.1…横浜に遠足に来ている少年たちということで，写真では歩いて町を見ている様子がわかるので，**3**が正しい。

No.2…写真には多くの子供たちが写っているが，何をしているかという問いなので，1人立っている子がいるが，多くは座っているようなので，**1**が正解。

発音

walking around the city「ウォーキン(グ)アラン(ド)ダシリィ」と[g]，[d]が脱落し，the が「ダ」に聞こえるとともにcityの[t]は[l]のようになる。many of them, a few of them, all of themなどでは，themが「デム」と聞こえる。

単語・文法

school trip「遠足」 a few「少し」

2. 時間に関する問題

基礎

解答 ア

放送された英文

I will take this train. I have to meet a new friend from Canada at Shinjuku Station. I would like to get to the station before noon.

日本語訳

私はこの電車に乗るつもりです。新宿駅でカナダから来る新しい友達と待ち合わせなければなりません。正午前には駅に着きたいです。

解説

新宿に正午前，つまり12時前に到着する電車に乗りたいということは，新宿着11:36のあずさ8号に乗るべきであろう。その他の電車では新宿に着くのが正午過ぎになってしまう。

発音

before noon「ビフォヌーン」がキーワードとなっているので，聞き逃さない。

単語・文法

take ～「～を利用する」 get to ～「～に到着する」 noon「正午（昼の12時）」

応用

解答 ウ

放送された英文

I'm going to see a friend at Chuo Station at one o'clock in the afternoon. It takes fifteen minutes to get there from the station near my house. So I'll take the 12:40 train. I'm leaving my house at 12:30.

質問 What time will Jane get to Chuo Station?

日本語訳

私は午後1時に中央駅で友達に会うつもりです。私の家の近くの駅からはそこまで15分かかります。ですから，12時40分の電車に乗ります。私を12時30分に家を出ます。

質問：ジェーンは何時に中央駅に着きますか。

解説

家の近くの駅から12時40分の電車に乗り，そこから中央駅までは15分かかるので，12時55分に中央駅に着くだろうから，正解は**ウ**である。

発音

fifteenのアクセントに注意。

単語・文法

It takes ～ to ...「…するのに～かかる」

3. 大小を答える問題

基礎

解答 イ

放送された英文

Tom, Bill and Ken are in my class. Tom is taller than Bill, and Bill is as tall as Ken.

日本語訳

トム，ビル，ケンが私のクラスにいます。トムは，ビルよりも背が高いです。ビルはケンと同じ背の高さです。

解説

トムがビルより背が高く，ビルとケンが同じ背の高さになっているのは**イ**である。

発音
Bill「ビウ」のように[l]があまり聞こえないので注意。as tall as「アズトーラズ」と連結する。

単語・文法
as ～ as ...「…と同じくらい～」

応用

解答 ウ

放送された英文
　This is a picture which was taken when I was seven years old. I am wearing a Japanese *kimono* and sitting between my brother and sister.

日本語訳
これは私が7歳の時に撮った写真です。私は日本の着物を着ていて，弟と姉の間に座っています。

解説
着物を着た人が2人の間に座っているのは**ウ**である。

発音
taken「テイクン」に注意。sittingの語尾の[g]が省略される。

単語・文法
be taken「撮られた」　between A and B「AとBの間に」

4. 地図を見て答える問題①

基礎

解答 ①

放送された英文
　Takeo is going to visit his father's office. His mother said, "From the station, go straight to the park and turn left. Walk a little, and you'll see the office on your right." Which is his father's office?

日本語訳
タケオはお父さんの会社を訪ねよとしています。おかあさんは，「駅から公園までまっすぐ行って，左に曲がりなさい。少し歩くと右側に会社があるわよ」と言いました。お父さんの会社はどれですか。

解説
駅からお父さんの会社までの道案内である。駅から公園までまっすぐ行き，左に曲がったあと右側にあるのは，①である。

発音
straightは日本語の「ストレート」ではなく「ストゥレイ(トゥ)」となる。

単語・文法
office「会社」　go straight「まっすぐ行く」

応用

解答 ウ

放送された英文
　Ayako is at the station now. She wants to go to a post office, so she reads a street map to find it. The post office is next to a bank. It is also across from a restaurant. Question: Which is the post office?

日本語訳
アヤコは今駅にいます。彼女は郵便局へ行きたいので，それを見つけるために町の地図を見ています。郵便局は銀行のとなりです。それはまたレストランの向かいでもあります。
問：郵便局はどれですか。

解説
郵便局の場所を探す。銀行のとなりということはアかウであるが，もう1つの条件レストランの向かい側となると**ウ**が正しいとわかる。

発音
next to「ネクス(ト)トゥ」と初めの[t]の音が脱落し，次の[t]と連結されることに注意。

単語・文法
post office「郵便局」　next to ～「～のとなり」　across from ～「～の向かい側」

5. 地図を見て答える問題②

基礎

解答 ① 午後2時　② B

放送された英文
　Is everyone here? OK. It's eleven o'clock. Now you have some free time. You can walk around the town for three hours. There are a lot of places to see here. For example, Green Park is beautiful. If you want to go

there, go straight on Park Street. There are nice restaurants and stores on the street. Please enjoy eating lunch and shopping. We'll meet at the Star Hotel at two. We're at Park Station now. To get to the hotel, go straight and turn left at the post office. Soon you'll find it on your right. Have a good time and I'll see you there.

日本語訳

皆さんそろっていますか。いいですね。今11時です。これから自由時間です。町の中を3時間散策できます。ここには多くの見る場所があります。例えば，緑公園はきれいです。もしそこへ行きたいのならば，公園通りをまっすぐに行ってください。その通りにはすてきなレストランやお店があります。昼食や買い物を楽しんでください。2時にスターホテルに集合です。私たちは今公園通りにいます。ホテルへ行くには，まっすぐ行って郵便局のところを左に曲がってください。すぐ右手にホテルがあります。楽しんできてください。それでは後ほど。

集合時間：午後2時
集合場所：スターホテル＝B

解説

集合時間は**午後2時**，集合場所は，公園通りをまっすぐに行き，郵便局を左に曲がった後，すぐ右手にあるスターホテルなので**B**となる。

発音

We'll meet at the Star Hotel at two.「スターホテ(ル)」と語尾の[l]が聞こえない。at two [t]が同化して「アットゥ」ではなくて「アットゥー」となる。

単語・文法

free time「自由時間」 straight「まっすぐ」

応用

解答 (1) 2, School (2) 8. Library

放送された英文

例題 Go straight on Station Way and turn at the bookstore. Then go down Lemon Street and turn left on Spanish Way. Soon you will see the building on your left.

　People can have dinner or lunch here. They can enjoy different kinds of food.

(1) Go straight on Station Way. Turn right at the hotel and go down Apple Street. The building you want to visit is on your left.

　In this building children are taught by teachers. Children learn different subjects, for example, math, English and P.E.

(2) Go straight on Station Way. You will see a bank and the station. Then turn left at the bank. Go down Orange Street and turn right at the telephone booth. The building you want to visit is on American Way.

　There are a lot of books here. You can borrow books you would like to read. You can also study in this building.

日本語訳

例題：

　ステーション通りをまっすぐ行き，本屋のところを右に曲がる。それからレモン通りを行って，スパニッシュ通りで左に曲がる。やがて左手にビルが見える。

　ここで人々は夕食や昼食を食べることができる。彼らはいろいろな食事を楽しむ。

到達する場所：3
建物を表す単語：restaurant

(1)

　ステーション通りをまっすぐ行く。ホテルのところを右に曲がり，アップル通りを行く。あなたが訪ねるビルが左にある。

　このビルでは，子供たちが先生に教わっている。子供たちは，数学，英語，体育などいろいろな科目を学ぶ。

到達する場所：2
建物を表す単語：school

(2)

　ステーション通りをまっすぐ行く。銀行と駅が見える。そして銀行のところを左に曲がる。オレンジ通りを行き，電話ボックスのところで右に曲がる。あなたが訪ねたいビルはアメリカン通りにある。

　ここにはたくさんの本がある。読みたいと思う本を借りることができる。このビルの中で勉強もできる。

到達する場所：8
建物を表す単語：library

解説
(1)…ステーション通りからホテルを右に曲がり，アップル通りの左側にあるのは，**2**である。このビルでは，子供たちがいろいろな科目を学んでいるということは，学校 **school** である。
(2)…ステーション通りをまっすぐ行き，銀行を左，電話ボックスを右に曲がったあとアメリカン通りにあるのは，**8**である。ここにはたくさんの本があり，それを借りることができ，勉強もできるということは，図書館 **library** である。

発音
(1)
turn right at the hotel「アッダ」となる連結，「ホテ（ル）」の脱落に注意。
on your left「オンニュアレフト」となる。
(2)
turn left at the bank「アッダ」の連結，[k]の脱落。
turn right at the telephone booth「アッダ」の連結，語尾のthはほとんど聞こえない。

単語・文法
subject「科目」 math「数学」 P.E.（Physical Education）「体育」 telephone booth「電話ボックス」 borrow「借りる」

6. 人物をあてる問題

基礎

解答 No.1 **3** No.2 **3** No.3 **4**

放送された英文
Questions:
No.1 How many subjects did Emi study?
No.2 Who studied the longest of the four?
No.3 Where did Nick take pictures?

日本語訳
No.1 エミは何教科勉強しましたか。
No.2 4人のうちで一番長く勉強したのは誰ですか。
No.3 ニックはどこで写真を撮りましたか。
No.1 1. 1。   2. 2。
      3. 3。   4. 4。
No.2 1. コウジ。   2. エミ。
      3. サラ。   4. ニック。
No.3 1. 学校で。   2. 公園で。
      3. 図書館で。 4. 山で。

解説
表は上から，名前，勉強した科目名，勉強時間，勉強以外に行ったこと，それを行った場所であることをあらかじめ理解しておく。
1.…エミは英語，日本語，理科の3教科を勉強したので**3**が正解。
2.…5時間勉強したサラが一番長いので**3**が正しい。
3.…ニックが写真を撮ったのは山であるから**4**が正解となる。

発音
how many, who, where などそれぞれの疑問文のはじめにある疑問詞の聞き取りに集中する。それによって何がたずねられているかのポイントがわかる。

単語・文法
How many「いくつ」 subject「科目」 the longest「一番長く」 of the four「4人のうちで」

応用

解答 イ

放送された英文
　Keiko, Taro and Yuka are friends. Taro is 16 years old. He is the oldest. Keiko is as old as Yuka.

日本語訳
ケイコ，タロウ，ユカは友達です。タロウは16歳です。彼が一番年上です。ケイコとユカは同じ年です。

解説
タロウが16歳でいちばん年上ということは，ケイコとユカは彼よりも年下で，さらに2人は同じ年齢であることから，**イ**が正しい。

発音
the oldest 母音の前ではtheは「ジ」となる。

単語・文法
the oldest「いちばん年上（最上級）」 as old as ～「～と同じ年齢」

7. グラフを見て答える問題

基礎

解答 野球

放送された英文

The students in Hiroshi's class watch sports on TV. There are two sports that eleven students enjoy watching.
Six boys watch one of these two sports. What is the name of this sport?

日本語訳
広志のクラスの生徒は，テレビでスポーツを観戦します。11人の生徒が見て楽しんだスポーツが2つあります。6人の男子がその2つのうちのひとつを見ました。そのスポーツの名前は何ですか。

解説
2つのスポーツの合計が11人で，そのうち男子が6人になっているのは，野球である。

発音
watch[wátʃ]「ウォッ(チ)」 sports[spɔ́ːrts]「スポーツ」の発音に注意。

単語・文法
on TV「テレビで」 enjoy ～ing「～するのを楽しむ」 one of ～「～のうちのひとつ」

応用

解答 4

放送された英文

These show the favorite subjects in Makoto's class. The most popular subject among the boys is music, and the most popular subject among the girls is English. English is more popular than science among the boys and science is more popular than music among the girls. Which is Makoto's class?

日本語訳
これらは，マコトのクラスにおける好きな科目を表しています。男子の中で最も人気がある科目は音楽で，女子に一番人気があるのは英語です。英語は，男子の中では理科より人気があり，理科は，女子の間では音楽よりも人気があります。どれがマコトのクラスですか。

解説
男子に人気がある科目が，音楽，英語，理科の順で，女子に人気があるのが英語，理科，音楽となるのは，**4**である。男子が音楽，英語の順位なっているのは，3と4だが，女子で英語，理科になるのは4だけである。ややこしいが，あわてずしっかり整理して聞くことを心がけ，1や2を消去することも一つの方法である。

発音
favorite「**フェイバリッ**(トゥ)」subject「サブジェク(トゥ)」among「アマン(グ)」の語尾の脱落。

単語・文法
favorite「お気に入りの」 subject「科目」 music「音楽」 science「理科」 among ～「～の間で」

6 英文の質問に答える問題

1. なぞなぞ

基礎

解答 1番 イ　2番 ウ

放送された英文

1番　Which season is the hottest in Japan?
　ア．Spring.　イ．Summer.　ウ．Fall.
2番　What do you use when you talk with someone who is far from you?
　ア．A ticket.　イ．A window.
　ウ．A telephone.

日本語訳
1．日本で一番暑い季節はどれですか。
　ア．春。　イ．夏。　ウ．秋。
2．遠くにいる人と話をするときに使うものは何ですか。
　ア．切符。　イ．窓。　ウ．電話。

解説
1．…日本で一番暑い季節は，夏なので**イ**となる。
2．…遠くにいる人と話すときに使うのは，電話であるから**ウ**が正解。

発音
the hottest「ダホッテス(トゥ)」 far from you「ファーフロムニュ」となる脱落，連結に注意。

単語・文法

which ～「どの～」 far「遠く」

応用

解答 No.1 ア No.2 イ

放送された英文

No.1 It is something that we use to carry or keep things. We usually carry it when we go shopping and travel. What is it?
ア．A bag.
イ．A bike.
ウ．A book.
エ．A camera.

No.2 It is like a large ball in space. You can usually see it in the sky at night when it is fine. It also means a famous person in movies or sports. What is it?
ア．A player.
イ．A star.
ウ．The moon.
エ．The sun.

日本語訳

No.1 これはものを運んだり保存したりするために使うものです。買い物や旅行に行くときにそれを持って行きます。これは何ですか。
ア．カバン。 イ．自転車。
ウ．本。 エ．カメラ。

No.2 これは宇宙にある大きなボールのようなものです。晴れている夜空にそれを見ることができます。映画やスポーツで活躍する有名人という意味でも使われます。これは何ですか。
ア．選手。 イ．星（スター）。
ウ．月。 エ．太陽。

解説

No.1…買い物や旅行に持って行く，ものを運ぶのに使うものはカバンなので，**ア**が正しい。

No.2…宇宙にある大きなボールのようなもので，夜空に見えるといえば，**イ**の星である。また映画やスポーツの有名人もスターということから，これが正解。

発音

carry it「キャリイッ（トゥ）」 go shopping「ゴーショッピン（グ）」 see it「シーイッ（トゥ）」 at night「アッ（トゥ）ナイ（トゥ）」など語尾の[t]，[g]の脱落に注意。

単語・文法

carry「運ぶ」 keep「保存する」 go shopping「買い物に行く」 space「宇宙」 usually「たいていは」 at night「夜に」 fine「晴れた」 famous「有名な」 movies「映画」

2. スピーチ・手紙・ビデオレター

基礎

解答 ア 13 イ 科目 ウ ピアノ エ 野球 オ 図書館

放送された英文

Hello, everyone. Nice to meet you. I'm Kenta. I'm sixteen. When I was thirteen, I visited this country with my father. But I could not visit a school at that time. I have wanted to visit a school in Canada for a long time. So I'm very happy now.

I'm very interested in your school life. What subjects do you like? My favorite subject is music. I like playing the piano. What sports do you like? I like playing baseball. I'm a member of the baseball club. After school we practice hard.

I also like reading books. So I'd like to visit your school library. I want to read some books about Canada. I think there are many differences between your school life and my school life. I want to know about them. Thank you very much.

日本語訳

こんにちは。みなさん。はじめまして。僕は健太です。16歳です。僕が(ア)13歳のとき，お父さんとこの国に来たことがあります。でもそのときには学校を訪れることは出来ませんでした。僕はずっとカナダの学校を訪れたいと思っていました。だから今とてもうれしいです。

僕は学校生活にとても興味を持っています。皆さんはどんな科目が好きですか。僕の(イ)好きな科目は音楽です。僕は(ウ)ピアノを弾くのが好きです。皆さんはどんなスポーツが好きですか。僕

は野球をするのが好きです。僕は(エ)野球部の一員です。僕たちは放課後一生懸命練習します。

僕はまた，本を読むのも好きです。ですから，皆さんの学校の(オ)図書館を訪れたいです。僕はカナダに関する本を読みたいです。皆さんの学校生活と僕の学校生活にはいろいろな違いがあると思います。僕はそれが知りたいです。どうもありがとうございました。

▶解説

ア．…健太は今16歳だが，**13歳のときに**一度父といっしょにカナダに来たことがある。

イ．…健太はカナダの生徒に好きな**科目**とスポーツについて，聞いている。音楽が好きということからも，科目について話していることが推測できる。

ウ．…健太は**ピアノ**を弾くのが好きだ。

エ．…健太の好きなスポーツは野球で，**野球部**の一員でもある。

オ．…健太は本を読むのも好きなので，**図書館**を訪れたい。

▶発音

ア．thirteen「サーティーン」は，「・○」と第二音節にアクセントがあり，後が強く発音される。thirty「サーティー」「○・」との区別に注意。

イ．subject「サブジェク(トゥ)」と[t]が脱落。

ウ．piano「ピアノ」と[a]が強く発音され，日本語の「ピアノ」とは異なるのに注意。

エ．baseball「ベイス・ボール」と音節が分かれるように発音される。

オ．library「ライブラリ」[l]と[r]が出てくる音に注意する。

▶単語・文法

at that time「そのときには」 for a long time「長い間」 school life「学校生活」 subject「科目, 教科」 favorite「好きな」 after school「放課後」 practice「練習する」 hard「一生懸命」 between A and B「AとBの間に」

応用

▶解答 No.1 ア No.2 ウ No.3 エ No.4 イ

▶放送された英文

Hi, everyone. My name is Jenny. I'm a student at Green Junior High School. It's not near my house, and I don't have a bike, so I have to walk for about 70 minutes to go to school. Our school starts at 8 o'clock in the morning and finishes at 2:30 in the afternoon. I usually speak English at school, but not at home, so I have to study English hard. After school, I often stay in the classroom and read books. That's my favorite place because there are interesting books to read there. Reading is a lot of fun, so I want to be a teacher and enjoy reading with my students. What are your dreams? And please tell us about your school life. Bye.

▶日本語訳

こんにちは，皆さん。私の名前はジェニーです。私はグリーン中学校の生徒です。学校は家の近くではないですし，自転車もないので，学校まで約70分 No.1 **歩かなければなりません**。私たちの学校は No.2 **朝8時に始まり，午後2時30分に終わり**ます。No.3 **学校ではたいてい英語を話しますが，家では話しません**。ですから一生懸命英語の勉強をしなければなりません。放課後，私はよく教室に残って本を読みます。そこは私のお気に入りの場所です。なぜならおもしろい本がたくさんあるからです。読書はとてもおもしろいので，No.4 **私は先生になって，生徒といっしょに読書を楽しみたいです**。あなたの夢は何ですか。あなたの学校生活について私たちに教えてください。それでは。

▶解説

No.1…ジェニーは70分**歩いて**学校へ通う。

No.2…ジェニーの学校は朝8時から午後2時30分までなので，**6時間30分**である。

No.3…ジェニーは**学校では英語**を話すが，家では話さないということは，**家では他のことば**を話している。

No.4…ジェニーの将来の夢は先生になって生徒**と読書を楽しむ**こと。

▶発音

No.1 I have to walk「ウォー(ク)」[k]が聞きとりにくいので注意。

No.2 starts at 8 o'clock, finishes at 2:30「ア

No.3 but not at home「ナッタットーム」となる連結に注意。
No.4 I want to be a teacher「ティーチャー」がキーワード。

単語・文法

bike「自転車」 favorite「お気に入りの」 a lot of fun「とても楽しい」

3. 案 内

基礎

解答 ① ア ② エ ③ ウ

放送された英文

Thanks you for calling the city library. Our library opens at 9:00 in the morning and closes at 5:00 in the evening. It is closed on the second and the fourth Mondays. There are two rooms you can use. In the bigger room you can read and borrow books. There are about fifty thousand books there. In the smaller room we have "Story Time" on Wednesdays at 1:30 in the afternoon. It usually takes about one hour and thirty minutes. During "Story Time," you can enjoy listening to stories. Please join us. Thank you for calling.

Questions
① How many days is the city library closed in one month?
② What can you do in the bigger room?
③ What time does "Story Time" usually finish?

日本語訳

市立図書館にお電話いただきありがとうございます。私どもの図書館は朝9時に開館し,夕方5時に閉館します。問①第2,第4月曜日は閉館日です。利用できる部屋は2つあります。大きな部屋では問②本を読んだり借りたりできます。約5万冊の本があります。小さい部屋では水曜日の問③午後1時30分から「お話しの時間」があります。所要時間はおよそ問③1時間30分です。「お話しの時間」の間にはお話を聞いて楽しむことができます。ぜひ参加してください。お電話ありがとうございました。

問①. 市立図書館は,1か月に何日閉館しますか。
　ア. 2日。　　　イ. 4日。
　ウ. 第2月曜日。　エ. 第4月曜日。
問②. 大きな部屋では何ができますか。
　ア. 2部屋あります。
　イ. お話を聞くことができる。
　ウ. 5万冊の本がある。
　エ. 本を読んだり借りたりできる。
問③. 「お話しの時間」はたいてい何時に終わりますか。
　ア. 1時頃。　　イ. 2時頃。
　ウ. 3時頃。　　エ. 4時頃。

解説

問①…第2,第4月曜日が閉館であるということは,1か月のうち**2日間**が閉まっている。
問②…大きな部屋では**本を読んだり借りたりできる**。
問③…「お話しの時間」は午後1時半に始まり,1時間30分要するので,終わりの時間はだいたい**3時**といえる。

発音

問①. It is closed on the second and fourth Mondays.「オンダセカン(ドゥ)アン(ドゥ)フォースマンディズ」
問②. In the bigger room you can read and borrow books.「リーダン(ドゥ)ボロウブックス」
問③. at 1:30, takes about one hour and thirty minutes「アバウ(トゥ)ワンナワーアン(ドゥ)サーティーミニッツ」

単語・文法

borrow「借りる」 fifty thousand「5万」 join「参加する」

応用

解答 問1. ア　問2. エ

放送された英文

Welcome to The World's Best Pictures. We have about 100 pictures taken in many countries, for example, America, Australia, China and Japan. I'm going to tell you about

43

two pictures in this room.

　First, let's look at this picture, number 7. This was taken in New York in America. People are walking on the streets and cars are going between the many tall buildings at night. This is about a big city at night.

　Now, please look at that one, number 13. Many beautiful fish are swimming in the picture. It was taken near Australia in the morning.

　Please enjoy all the pictures.
Question 1 : What is picture number 7 about?
Question 2 : Where was picture number 13 taken?

日本語訳
　世界最高の写真展へようこそ。いろいろな国で撮られたおよそ100枚の写真があります。例えば，米国，オーストラリア，中国，日本です。この部屋にある2枚の写真についてお話ししましょう。

　はじめに，この写真を見てください。7番です。これは米国のニューヨークで撮られました。人々が通りを歩き，車が夜高層ビルの間を走っています。これは問1 **夜の大都市に関するもの**です。

　次に，こちらをご覧ください。13番です。この写真では多くのきれいな魚が泳いでいます。これは朝問2 **オーストラリアの近くで撮られた**ものです。

　すべての写真をお楽しみください。
問1．7番の写真は何に関するものですか。
　ア．夜の大都市について。
　イ．夜の小さな町について。
　ウ．朝の大都市について。
　エ．朝の小さな町について。
問2．13番の写真はどこで撮られましたか。
　ア．米国。
　イ．中国の近く。
　ウ．日本。
　エ．オーストラリアの近く。

解説
問1．…7番の写真は，夜の**大都市に関するもの**で，ニューヨークで撮られた。

問2．…13番は，**オーストラリアの近く**で撮られた魚の写真。

発音
問1．a big city at night「アビッ(グ)シィティアッ(トゥ)ナイ(トゥ)」
問2．near Australia「オーストレイリア」

単語・文法
picture「写真」

4. メッセージ・留守電

基礎

解答　(1) ジョン　(2) 飲み物　(3) 午前9時
　　　　(4) Eメールを送ること

放送された英文
　Hi, Mary. This is John.
　We're going to have Kathy's birthday party next Sunday at my house. I want you to join us. Everyone will bring something for the party. Can you bring something to drink? We'd like to start the party at 10 a.m. But we have to cook first, so please come to my house one hour early. If you cannot join us, please send me an e-mail.
　Thank you. Bye.

日本語訳
　もしもし，メアリー。(1)**ジョン**です。

　次の日曜日に僕の家で，キャシーの誕生パーティーをやろうと思ってる。君に参加してもらいたいんだ。みんなパーティーには何かを持ってくる。(2)**君は飲み物を持って来られるかな**。パーティーは(3)**午前10時**に始めたい。でも料理をしないといけないから，(3)**1時間前に来て**。もし参加できないようなら，(4)**僕にメールを送って**。ありがとう。じゃあ。

解説
(1)…初めに，This is John.と言っているから，電話をかけてきたのは，「**ジョン**」。This is ～は，電話で自分を名乗るときに使う表現。
(2)…パーティーにはみんな何かを持ってくることになっているが，メアリーには「**飲み物を持ってきて欲しい**」と言っている。
(3)…パーティーは午前10時始めるが，その前に

料理をするから1時間前に来て欲しいと言っている。だから「**午前9時**」となる。
(4) …メッセージの最後に，もし参加できないようなら，メールを送って欲しいと言っているので，「**メールを送る**」が正解となる。

発音
(1) This is John. [dʒán]
(2) something to drink「サムティン（グ）トゥドゥリン（ク）」と語尾 [g] [k] は脱落する。
(3) at 10 a.m.「アッ（トゥ）テン」と [t] が連結。one hour early「ワ（ン）ナワー」と連結することに注意する。
(4) send me an e-mail「セン（ドゥ）ミーアニーメイル」となる脱落や連結に注意。

単語・文法
join「参加する」 bring「持ってくる」 something to drink「何か飲みもの」 one hour early「一時間前」 e-mail「電子メール」

応用

解答 A 雨 B 野球の試合 C 8 D 昼食 E 赤い帽子 F 学校 G 9 H 8163
※DとEは逆でも正解。

放送された英文
Hello, Yumi. This is Steve. I want to tell you about watching our baseball game. It rained a lot this morning, so we don't have the baseball game today. We will have the game next Sunday, on August 17. If you can come, don't forget to bring your lunch and your red cap. Red is our school color. Let's wear red caps. The game will start at eleven o'clock, so let's meet at school at nine in the morning. If you have any questions, please call me at 474-8163. I'll say the number again. It's 474-8163. I hope you can join us. See you soon.

日本語訳
もしもし，ユミ。スティーブです。B 野球の試合を見に来ることについて伝えたくて。今朝たくさん A 雨が降ったから，今日は野球の試合はないよ。試合は今度の日曜日 C 8月17日になった。もし来られるようなら，D 昼食と E 赤い帽子を忘れないで。赤が学校の色だから。赤い帽子をかぶろう。試合は11時開始だから朝 G 9時に F 学校で待ち合わせしよう。何か質問があったら，474-H 8163に電話して。もう一度番号をいうよ。474-8163。いっしょに行かれるといいね。じゃあ。

解説
雨のため野球の試合は8月17日に延期になった。昼食を持参し，赤い帽子をかぶって9時に学校に集合。質問があれば474-8163に電話する。

発音
それぞれの空所を補う上でキーワードとなる部分。
A. rained a lot「レインドゥアロッ（トゥ）」
B. the baseball game「ダベースボー（ル）ゲーム」
C. August「オゥガウス（トゥ）」
D. and E. lunch and red cap「ランチャン（ドゥ）レッ（ドゥ）キャッ（プ）」
G. and F. meet at school at nine「ミー（トゥ）アッ（トゥ）スクー（ル）」「アッ（トゥ）ナイン」
H. 8163「エイ（トゥ）ワンシクススリー」または「エイティワンシクスティスリー」と読む。

単語・文法
don't forget ～「～を忘れない」

5. 人物描写①

基礎

解答 質問① ア 質問② イ 質問③ ア 質問④ ウ

放送された英文
Kenta is a junior high school student. He has a sister. Her name is Kumi. She became 5 years old last month. She likes picture books. When Kenta comes home from school, Kumi always wants him to read them to her. Her favorite picture book is *Akazukin*. He has already read it to her more than 50 times. So, she knows the *Akazukin* story very well. She is now telling the story to their parents at their home. Their parents enjoy listening to the story. Kumi looks very happy.

それでは，質問を英語で2回ずつ行ないます。
質問① Is Kumi Kenta's sister?
質問② Does Kumi like picture books?
質問③ How many times has Kenta read *Akazukin* to Kumi?
質問④ Who is telling the *Akazukin* story now?

日本語訳
ケンタは中学生です。質問①彼には妹がいます。彼女の名前はクミです。彼女は先月5歳になりました。質問②彼女は絵本が好きです。ケンタが学校から帰ると，クミはいつもケンタに本を読んでもらいたいです。彼女のお気に入りの絵本は，「赤ずきん」です。彼はすでにそれを質問③50回以上も彼女に読んでいます。ですから，彼女は「赤ずきん」のお話しをよく知っています。質問④彼女は今家で両親にそのお話しをしています。彼らの両親はその話を聞いて楽しんでいます。クミはとてもうれしそうです。

質問①．クミはケンタの妹ですか。
　ア．はい，そうです。
　イ．いいえ，違います。
　ウ．いいえ，彼女はしていません。
質問②．クミは絵本が好きですか。
　ア．はい，彼女です。
　イ．はい，好きです。
　ウ．いいえ，嫌いです。
質問③．ケンタは何度クミに「赤ずきん」を読みましたか。
　ア．50回以上。　イ．60回以上。
　ウ．70回以上。
質問④．今「赤ずきん」の話しをしているのは誰ですか。
　ア．彼らの両親。　イ．ケンタ。
　ウ．クミ。

解説
質問①…ケンタには5歳のクミという**妹がいる**。
質問②…クミは**絵本が好きだ**。
質問③…ケンタはクミに**50回以上**も「赤ずきん」の絵本を読んでいる。
質問④…今**クミ**が「赤ずきん」の話を両親にしている。

発音
キーワードとなる部分の聞き取りに注意。
質問① He has a sister.「ハザシスタ」
質問② She likes picture books.「ピクチャブックス」
質問③ more than fifty times「モアダンフィフティタイムズ」
質問④ she is now telling the story.「シーイズナウテリン（グ）ダストウリー」

単語・文法
picture book「絵本」　want ＋人＋ to ～「人に～してもらいたい」　favorite「お気に入りの」　more than ～「～以上」　enjoy ～ ing「～して楽しむ」　look ～「～そうだ」

応用

解答　問(1) イ　問(2) イ　問(3) エ

放送された英文
　Kenta had a dog. The dog was called Judy. When Kenta was four years old, Judy came to his home. They were good friends. After Kenta became an elementary school student, he did a lot of things for Judy. He gave Judy food and cleaned Judy's house. Especially Kenta liked to take Judy to the park because Judy enjoyed playing with a ball there.
　Last year Judy died. Kenta was very sad. His mother told Kenta to stop crying. She said Judy still stayed in Kenta's mind. Now Kenta doesn't feel sad anymore, because Judy will stay in his mind forever.
質問です。
問(1) When did Kenta begin to live with his dog Judy?
問(2) Why did Kenta like to take Judy to the park?
問(3) How does Kenta feel now?

日本語訳
　ケンタは犬を飼っていました。犬の名前はジュディーでした。問1ケンタが4歳のとき，ジュディーが家にやってきました。彼らはとても仲良しでした。ケンタが小学生になった後，彼はいろいろ

なことをジュディーのためにしました。彼はジュディーにえさを与え，犬小屋をきれいにしました。特に，ケンタはジュディーを公園へ連れて行くのが好きでした。問2なぜならジュディーがボールで遊ぶのを楽しんだからです。

　昨年ジュディーは亡くなりました。ケンタはとても悲しかったです。彼のお母さんは泣くのをやめるように言いました。ジュディーはケンタの心の中にいると彼女は言いました。今ではケンタはもう悲しくはありません。問3なぜなら，ジュディーは永遠に彼の心の中にいるからです。

問(1) ケンタはいつ犬のジュディーといっしょに生活を始めましたか。
　ア．彼が生まれたとき。
　イ．彼が4歳のとき。
　ウ．彼が4年生のとき。
　エ．彼が中学生のとき。
問(2) なぜケンタはジュディーを公園へ連れて行くのが好きでしたか。
　ア．ジュディーがそこでえさを食べるのが好きだったから。
　イ．ジュディーがそこでボールで遊ぶのが好きだったから。
　ウ．ケンタとジュディーはそこで寝るのが好きだったから。
　エ．ケンタはジュディーといっしょに公園をそうじするのが好きだったから。
問(3) 今ケンタはどのように感じていますか。
　ア．友達を亡くしたのでとても悲しい。
　イ．母が泣くのをやめるように言ったのでとても悲しい。
　ウ．もうジュディーが好きではないので，悲しくない。
　エ．ジュディーは永遠に心の中にいるので，悲しくない。

解説
問(1)…ケンタが**4歳のとき**，ジュディーが家に来た。
問(2)…ジュディーが**ボールで遊ぶのを楽しんだから**，公園へ行くのが好きだった。
問(3)…**ジュディーは永遠にケンタの心の中にいる**ので，もう悲しくはない。

発音
答えに関係したカギとなる部分。
問(1) When Kenta was four years old「フォーイヤーゾール（ドゥ）」
問(2) enjoyed playing with a ball「プレーイン（グ）ウィザーボー（ル）」
問(3) Judy will stay in his mind forever.「ステインヒズマイン（ドゥ）」

単語・文法
elementary school student「小学生」 a lot of ～「たくさんの～」 clean「そうじする」 take ～ to …「～を…へ連れて行く」 play with ～「～で遊ぶ」 stop ～ing「～するのをやめる」 mind「心」 anymore「もはや」 forever「永遠に」

6. 人物描写②

基礎

解答 問題1.ウ 問題2.イ 問題3.ウ
　　　問題4.エ

放送された英文

　Rumiko went to Seattle in Washington state last year. She joined a homestay program with her friends, Makiko and Emi. They enjoyed staying there for two weeks. They went to the mountains, watched baseball games and ate American cakes.

　She stayed with the Brown family. Jim, her host father, works at a bank and her host mother, Mary, is a teacher. She can cook very well.

　Rumiko, Makiko and Emi went to a high school four times a week. Their classmates were very kind. The three Japanese girls showed their classmates Japanese culture, ORIGAMI, SHODO and SADO. All the students had a good time.

　At the last dinner, Rumiko made Japanese SUSHI for her host family. They enjoyed eating SUSHI. Rumiko told them that she wanted to come back to Seattle again.
問題1. Where did Rumiko go last year?
問題2. Who can cook very well?

問題3. How many times a week did Rumiko go to the high school?
問題4. What did Rumiko want to do?

日本語訳

　ルミコは去年ワシントン州の問題1 シアトルへ行きました。彼女は友達のミキコ，エミといっしょにホームステイのプログラムに参加しました。彼らは2週間の滞在を楽しみました。彼らは山へ行ったり，野球の試合を見たり，米国のケーキを食べたりしました。

　彼女はブラウンさん一家といっしょに滞在しました。ホストファミリーの父ジムは銀行で働き，母のメアリーは先生です。問題2 彼女は料理がとても上手です。

　ルミコ，ミキコ，エミは問題3 週4回高校へ行きました。クラスメートはとても親切でした。3人の日本人の女の子は，クラスメートに折り紙，書道，茶道など日本文化を説明しました。すべての生徒がとても楽しみました。

　最後の夕食のとき，ルミコはホストファミリーのために日本の寿司を作りました。彼らは寿司を食べて楽しみました。問題4 ルミコはまたシアトルに戻ってきたいと彼らに伝えました。

問題1　ルミコは去年どこへ行きましたか。
　ア．ニューヨーク。
　イ．日本の高校。
　ウ．シアトル。
　エ．銀行。
問題2　誰が料理が上手ですか。
　ア．ミキコ。　イ．メアリー。
　ウ．ジム。　　エ．エミ。
問題3　ルミコは週に何回高校へ行きましたか。
　ア．2回。　イ．3回。
　ウ．4回。　エ．5回。
問題4　ルミコは何をしたいですか。
　ア．米国文化を学びたい。
　イ．寿司を食べたい。
　ウ．野球の試合を見たい。
　エ．またシアトルに戻ってきたい。

解説

問題1…ルミコが去年行ったのは**シアトル**。
問題2…料理が上手なのはホストファミリーの母**メアリー**。

問題3…ルミコは高校へ週**4回**通った。
問題4…ルミコはまた**シアトルへ戻りたい**。

発音

Seattleの発音は「シアトゥル」日本語とはかなり異なることに注意。

応用

解答　1番 ウ　2番 イ　3番 ウ　4番 エ

放送された英文

　Yoko sometimes visits the old people's houses in the town.
　Last spring, Yoko visited an old man living near her house. He was Mr. Yamada. She enjoyed talking with him. Last summer, she visited his house again and gave him some beautiful flowers.
　Yesterday, Yoko's teacher invited Mr. Yamada to their school and he had a class with the students. Yoko was very surprised to see him in her classroom. In the class, he told the students some old stories about the town. He also showed them old pictures of the town. They were taken about forty years ago. The students learned many things from him.
　Mr. Yamada had a good time with the students. So Yoko felt very happy. She thought this kind of class was very important to the old people and the students.
　それでは，質問を読みます。
1番 When did Yoko give flowers to Mr. Yamada?
2番 Why was Yoko very surprised?
3番 What did Mr.Yamada show the students in the class?
4番 Why did Yoko feel happy in the class?

日本語訳

　ヨーコはときどき町の高齢者の家々を訪れます。
　去年の春，ヨーコは彼女の家のそばに住むあるおじいさんを訪ねました。彼はヤマダさんです。彼女は彼と話しをして楽しみました。1番 去年の夏，彼女は再び彼の家を訪れ，きれいな花を彼にあげました。

昨日，ヨーコの先生はヤマダさんを学校に招き，生徒といっしょに授業を行いました。2番 ヨーコは教室に彼を見て驚きました。教室で彼は町の昔の話を生徒たちに話しました。3番 彼はまた町の古い写真を生徒たちに見せました。それらは約40年前に撮られたものです。生徒たちは多くのことを彼から学びました。

4番 ヤマダさんは生徒たちと楽しい時を過ごしました。ですからヨーコはとてもうれしかったです。このような授業は高齢者にとっても生徒たちにとってもとても大切であると彼女は思いました。

1番　ヨーコはいつヤマダさんに花をあげましたか。
　　ア．去年の春。　イ．放課後。
　　ウ．去年の夏。　エ．クラスで。
2番　なぜヨーコは驚いたのですか。
　　ア．ヤマダさんが彼女の家のそばに住んでいたから。
　　イ．ヤマダさんが彼女の教室に来たから。
　　ウ．ヤマダさんが昔の話しをしたから。
　　エ．ヤマダさんが40年前に写真を撮ったから。
3番　ヤマダさんはクラスで生徒たちに何を見せましたか。
　　ア．きれいな花　　イ．高齢者の家
　　ウ．町の古い写真　エ．町にある彼の家
4番　なぜヨーコはクラスでうれしかったのですか。
　　ア．彼女がヤマダさんに花をあげられたから。
　　イ．ヤマダさんが彼女に古い写真を見せてくれたから。
　　ウ．彼女がヤマダさんの家を訪ね彼と話しをしたから。
　　エ．ヤマダさんが生徒たちといっしょに楽しんだから。

解説
1番…ヨーコがヤマダさんに花をあげたのは**去年の夏**。
2番…ヤマダさんがヨーコの**教室に突然来た**ので驚いた。
3番…ヤマダさんは生徒たちに**町の昔の写真**を見せた。
4番…ヤマダさんがクラスで生徒たちと話をして楽しんだので，ヨーコはうれしかった。

発音
1番　last summer「ラス（トゥ）サマー」
3番　old pictures of the town「オール（ドゥ）ピクチャーゾブタウン」

単語・文法
invite「招待する」　be surprised to ～「～して驚く」

7. 自己紹介

基礎

解答　1. ウ　2. エ　3. イ　4. ア

放送された英文

　Hello, everyone. My name is Takashi Suzuki. I'm thirty-six years old. I became an English teacher twelve years ago. This is our first class, so I want to talk about my experience.

　When I was fourteen years old, I went to New York with my mother. She had a friend there. Her name was Mary. We stayed at Mary's house for five days.

　One day, I went to a basketball game with Mary's husband, John. He knew I loved basketball. The game was so exciting. When we came home, we talked about the game. I was not good at speaking English. But I enjoyed talking with him in English because I talked about my favorite sport. I wanted to talk about a lot of things in English, but I couldn't. So, when I came back to Japan, I started to study English harder.

　Why don't you try to talk about your favorite things in English? Speaking English will be more interesting.

〔質問〕
1. How old was Mr. Suzuki when he went to New York?
2. Who went to a basketball game with Mr. Suzuki?
3. Why did Mr. Suzuki study English harder after his trip to New York?

4. What does Mr. Suzuki want his students to do?

> 日本語訳

こんにちは。皆さん。僕の名前はスズキタカシです。僕は36歳です。僕は12年目に英語の教師になりました。今日は初めての授業なので，僕の経験について話しをしたいと思います。

僕が₁14歳のとき，母といっしょにニューヨークへ行きました。彼女にはそこに友人がいました。彼女の名前はメアリーです。僕たちはメアリーの家に5日間泊まりました。

ある日，僕は₂メアリーの旦那さんのジョンとバスケットボールの試合に行きました。彼は僕がバスケットボールが好きなことを知っていました。試合はとてもおもしろかったです。家に戻って，僕たちは試合の話しをしました。僕は英語で話すのがうまくはありませんでした。でも，僕は彼と英語で話すのを楽しみました。なぜなら僕は好きなスポーツについて話したからです。₃僕は英語でもっと多くのことが話したかったのですが，出来ませんでした。そこで，日本へ戻ってきたとき，英語の勉強をもっと一生懸命に始めたのです。

みなさんも₄自分の好きなことを英語で話そうとしてはどうですか。英語で話すことがもっと楽しくなりますよ。

1．スズキ先生はニューヨークへ行ったとき何歳でしたか。
　　ア．5歳。　　　イ．12歳。
　　ウ．14歳。　　　エ．36歳。
2．スズキ先生とバスケットボールの試合にいっしょに行ったのは誰ですか。
　　ア．彼の先生。　イ．彼のお母さん。
　　ウ．メアリー。　エ．メアリーの旦那さん。
3．ニューヨークへの旅行の後，なぜスズキ先生は英語をより一生懸命に勉強したのですか。
　　ア．なぜなら，彼はニューヨークで英語を教えたかったから。
　　イ．なぜなら，彼は多くのことを英語で話したかったから。
　　ウ．なぜなら，彼はニューヨークでの英語のクラスを楽しむことが出来なかったから。
　　エ．なぜなら，彼はバスケットボールの試合について英語で何も言うことが出来なかったから。
4．スズキ先生は生徒たちに何をしてもらいたいですか。
　　ア．彼は，生徒たちに好きなことを英語で話してもらいたい。
　　イ．彼は，生徒たちに学校で多くの友達を作ってもらいたい。
　　ウ．彼は，生徒たちにニューヨークへ行って，よい経験をしてもらいたい。
　　エ．彼は，生徒たちにバスケットボールの試合を楽しんでもらいたい。

> 解説

1．…スズキ先生は今36歳だが，**14歳のとき**にお母さんとニューヨークへ行った。
2．…バスケットボールの試合へは**メアリーの旦那さんのジョンと**いっしょに出かけた。
3．…バスケットボールの試合を見た後で，試合のことや**いろいろなことを英語で話したかった**が，うまくできなかったので，日本へ戻ってきてから，英語の勉強をより一生懸命に始めた。
4．…スズキ先生は，生徒たちに**自分の好きなことについて英語で話しては**どうかと提案している。

> 発音

各問に対する答を出すうえで大切なキーワードは下記の通りである。それぞれ聞き逃さないように注意する。

1. fourteen「フォーティーン」と第二音節にアクセントがある。
2. with Mary's husband, John「メアリーズハズバン(ドゥ)ジョン」
3. I wanted talk about a lot of things in English「トーカバウタロットブ」
4. Why don't you try to talk about your favorite things in English?「ゥワイドンチュ」

> 単語・文法

experience「経験」 one day「ある日」 exciting「おもしろい，わくわくする」 be good at ~ ing「~するのが得意，うまい」 favorite「好きな」 a lot of ~「多くの~」 harder「より一生懸命に」 why don't you ~「~してはどうですか」

応用

解答 (1) ウ (2) イ (3) ア

放送された英文

　Good morning, everyone. Today, I'll tell you how I learned Japanese. I usually speak English, of course, but I also speak two other languages; Japanese and Spanish. Learning Japanese wasn't easy for me, but I found a good way to do it. I hope this story helps you when you study English.

　First, I practiced with my Japanese friends. I tried to speak Japanese to them every day. My Japanese wasn't good enough at first, but they understood me and taught me how to speak Japanese. Now I speak Japanese well enough. So when you learn English, practice with English speaking people like me. The important thing is to speak only in English when you talk to them.

　Second, I read books written in Japanese every day. At first, I read children's books for about 30 minutes before I went to bed. I read the stories again and again, and I understood them. Reading Japanese books was difficult for me, but pictures also helped me. I borrowed many interesting books from my friends and read more than 50 books that year.

　I hope this way of learning new language is not too difficult for you. You can talk to me at any time. Also, you can talk to people in other countries through the Internet today. Learning English is a lot of fun. If you try hard, you can speak English well.

Question 1 : How many languages does Ms. Brown speak now?

Question 2 : What is important when you speak English to English speaking people?

Question 3 : How did Ms. Brown understand Japanese children's books?

日本語訳

　おはようございます，皆さん。今日は私がどのように日本語を学んだかについてお話ししましょう。もちろん問1私はふだん英語を話しますが，私はそのほかに日本語とスペイン語の2つのことばも話します。日本語を学ぶことは私にとって簡単なことではありませんでしたが，よい勉強法を見つけました。この話があなたがたが英語を学ぶのに役立つことを期待します。

　はじめに，私はたくさんの日本人の友達と練習しました。私は毎日彼らに日本語を話すようにしました。はじめは私の日本語はあまりうまくなかったですが，彼らは私のいうことを理解し，日本語の話し方を教えてくれました。今では私は日本語を十分上手に話すことができます。ですから，あなたが英語を学ぶときにも，私のような英語を話す人と練習しなさい。大切なことは，あなたが彼らと話しをするときには，問2英語だけを話すことです。

　2番目に，私は日本語で書かれた本を毎日読みました。はじめに，私は寝る前に童話を約30分読みました。問3私は何度も繰り返しお話を読んで，それを理解しました。日本語の本を読むことは私にとって難しかったですが，絵も助けになりました。私は友達からおもしろい本をたくさん借りて，その年には50冊以上の本を読みました。

　このような新しいことばの学び方があなたにとってあまり難しすぎないことを期待します。あなたはいつでも私と話ができます。また，今では他の国にいる人々とインターネットを通して話しをすることができます。英語を学ぶことはとても楽しいです。一生懸命努力すれば，英語が上手に話せるようになります。

問1　ブラウンさんは今何か国語が話せますか。
　ア．1（か国語）　　イ．2（か国語）
　ウ．3（か国語）　　エ．4（か国語）

問2　あなたが英語を話す人と英語を話すときに大切なことは何ですか。
　ア．日本人の友達と練習すること
　イ．英語でだけ話しをすること
　ウ．英語を理解すること
　エ．英語の話し方を教えること

問3　ブラウンさんはどのようにして日本語の童話の本を理解しましたか。
　ア．彼女はそれらを何度も繰り返し読んだ。

イ．彼女は10時30分に寝た。
ウ．彼女はたくさんのおもしろい本を買った。
エ．彼女は他の国にいる人々と話しをした。

解説

問1…ブラウンさんは，英語，日本語，スペイン語の**3カ国語**が話せる。

問2…英語を話すときに大切なことは，**英語だけを話すこと**。

問3…ブラウンさんは**何度もくり返し読むことで**日本語の童話の本を理解した。

発音

問1 speak English「スピーキングリッシュ」，speak two other languages「スピー（ク）トゥアザーランゲジズ」

問2 speak only in English「スピーコンリーイングリッシュ」

問3 I read the stories again and again.「アイレッ（ドゥ）ダストリーズアゲナンダゲン」

単語・文法

of course「もちろん」 help「役に立つ」 at first「はじめは」 again and again「何度も繰り返し」 borrow「借りる」

8. 旅行・体験

基礎

解答 No.1 ア No.2 ウ No.3 エ

放送された英文

　Hello, everyone. Please look at this picture. (pause) This is Mt. Hakusan in Ishikawa. I went there with my parents on August 4th and 5th. It was the first time for me, but the third time for my parents.

　On the first day, we walked for about four hours. I got very tired, but we enjoyed looking at beautiful flowers and took many pictures. On the next day, we got up very early in the morning. The weather was very nice and we saw a beautiful sunrise over the mountains.

　At the top of the mountain I met an old woman. She was from Osaka. She told me many things about mountains. She really loves mountains and has taken a lot of pictures of them. This is one of the pictures. She sent me this one after she returned to Osaka. Since then, we have exchanged letters. Some day I'd like to go to Mt. Hakusan with her again.

Thank you

Questions :

No.1 How many days did Masako spend on Mt. Hakusan?

No.2 What did Masako enjoy on the first day?

No.3 What does Masako want to do?

日本語訳

　こんにちは，皆さん。この写真を見てください。これは石川県の白山です。私は問1 8月4日，5日に両親とそこへ行きました。私にとっては初めてでしたが，両親にとっては3度目でした。

　初日には私たちは約4時間歩きました。私はとても疲れましたが，問2 きれいな花を見て楽しかったですし，写真をたくさん撮りました。次の日には朝早く起きました。天気がとてもよく，山の上にきれいな日の出を見ました。

　山の頂上で私はおばあさんに会いました。彼女は大阪から来ました。彼女は私に山についていろいろなことを話しました。彼女は本当に山が好きで，たくさんの写真を撮っています。これはそのうちの一枚です。彼女が大阪に戻った後これを私に送ってくれました。それ以来，私たちは手紙のやりとりをしています。問3 いつかまた彼女といっしょに白山へ行きたいです。ありがとうございました。

問1　昌子は白山で何日過ごしましたか。
　ア．2日。　　イ．3日。
　ウ．4日。　　エ．5日。

問2　昌子は初日に何を楽しみましたか。
　ア．4時間話しをすること。
　イ．日の出の写真を撮ること。
　ウ．きれいな花を見ること。
　エ．おばあさんといっしょに歩くこと。

問3　昌子は何をしたいですか。
　ア．大阪へ行っておばあさんに会いたい。
　イ．友達と手紙のやりとりをしたい。

ウ．山の花の写真を撮りたい。
エ．おばあさんといっしょに白山を訪れたい。

解説

問1…昌子は8月4日と5日に白山へ行ったので，**2日**間を過ごした。

問2…初日に昌子は**きれいな花を見て**，その写真を撮った。

問3…昌子は白山で出会った大阪のおばあさんといっしょにまた白山へ行きたい。

発音

問1 on August 4th and 5th「オンノーガス(トゥ)フォーサン(ドゥ)フィフス」

問2 looking at beautiful flowers「ルッキンガッ(トゥ)ビューティフ(ル)フラワース」

問3 I'd like to go to Mt. Hakusan with her again. 「アイドゥライクトゥゴウトゥマウン(トゥ)ハクサンウィザラゲン」

単語・文法

get tired「疲れる」 sunrise「日の出」 over ～「～の上に」 really「本当に」 a lot of ～「たくさんの～」 exchange letters「手紙のやりとりをする」 some day「いつか」

応用

解答 (1) イ (2) ア (3) ウ

放送された英文

Hello, everyone. Today I am going to talk to you about my trip. I like to travel around the world because I can meet many people and I can find many interesting things. This winter I went to Africa with my friend.

We visited a junior high school. It was the only junior high school in that town. There are four hundred students in the school, but there are only two classrooms. So half of the students study in the morning and the others study in the afternoon. Each class has about one hundred students. It is very hard for every student to study, because the classroom is not so large. And there are not enough textbooks for students, so about five students have to use one textbook at the same time.

I talked with a girl student. She told me about her life. Every day she walks to school for about two hours. So she has to get up early in the morning. She goes to school from Monday to Friday. After school she has to help her mother for more than three hours. She is very tired every day. But she loves going to school and studying with her friends. So she is always happy. Her dream is to be a teacher at that school some day.

Everyone, do you like to study at school? Do you have a dream? You should remember that in the world there are many students who are trying to study hard.

Thank you for listening.

Question 1: When did Mr. Parker visit the school in Africa?

Question 2 : How many students have to use one textbook at the same time?

Question 3 : What does that girl student want to be in the future?

日本語訳

こんにちは，みなさん。今日私は，私の旅行について話します。私は世界中を旅行するのが好きです。なぜならいろいろな人に出会え，多くのおもしろいものを見つけられるからです。問1 今年の冬私は友達とアフリカへ行きました。

私たちは中学校を訪れました。そこはその町にある唯一の中学校でした。学校には400人の生徒がいましたが，教室が2つしかありませんでした。ですから半分の生徒が朝勉強して，残りの半分は午後に勉強します。それぞれのクラスに約100人の生徒がいます。1人1人の生徒が勉強するのはとても大変です。なぜならば教室があまり大きくないからです。そして，生徒のために十分な教科書がないので，問2 およそ5人の生徒が同時に一冊の教科書を使わなければなりません。

私は女の子の生徒と話をしました。彼女は私に彼女の生活について話してくれました。毎日彼女は2時間学校まで歩いてきます。ですから彼女は朝早く起きなければなりません。彼女は月曜日から金曜日まで学校に来ます。放課後はおよそ3時間以上も母の手伝いをしなければなりません。

彼女は毎日疲れています。しかし彼女は学校へ来ることと友達といっしょに勉強することが好きです。だから彼女はいつも幸せです。問3 彼女の夢はいつかその学校の先生になることです。

　皆さん，学校で勉強するのは好きですか。夢を持っていますか。世界には一生懸命勉強しようとしている人がたくさんいることを覚えておきましょう。

　ご静聴ありがとうございました。

問1　パーカーさんはいつアフリカの学校を訪れましたか。
　　ア．毎年。　　　　イ．今年の冬。
　　ウ．2時間。　　　エ．いつか。
問2　何人の生徒が同時に一冊の教科書を使わなければなりませんか。
　　ア．およそ5人。　イ．およそ20人。
　　ウ．およそ100人。エ．およそ200人。
問3　その女の子の生徒は将来何になりたいと思っていますか。
　　ア．自分自身の教科書で勉強したい。
　　イ．日本の生徒と友達になりたい。
　　ウ．その学校の先生になりたい。
　　エ．毎日母といっしょに働きたい。

解説

問1…パーカーさんは**今年の冬**にアフリカを訪れた。

問2…**5人**の生徒が1冊の教科書をいっしょに使わなければならない。

問3…女の子の夢は，いつか**その学校の先生になること**。

発音

問1　this winter「ディスウィンター」

問2　about five students have to use one textbook「アバウ(トゥ)ファイブスチューデンツ」「ハフ(トゥ)ユーズワンテクス(トゥ)ブッ(ク)」

問3　to be a teacher「トゥビーアティーチャー」

単語・文法

at the same time「同時に」 in the future「将来」

9. ニュース

基礎

解答　①ウ　②イ　③ア

放送された英文

　Welcome to "Monday English News." The biggest news of this week. Twelve students and three teachers from Australia are coming to our town on Tuesday. On Wednesday they will visit our school and watch some classes. After that they are going to talk with us in Japanese for about an hour. They are now learning Japanese and practicing judo and kendo in Australia. They want to learn Japanese and Japanese sports more. We hope they will have a good time.

　Next, the weather in our town. Today it will be sunny all day. Tomorrow it will be cloudy in the morning and will rain in the afternoon. The TV says it will snow next week.

　That's all. Good bye.

Questions

① When will the students and teachers from Australia visit this school?

② What do the students from Australia want to learn more?

③ How will the weather be tomorrow afternoon?

日本語訳

　「月曜日の英語ニュース」へようこそ。今週の一番大きなニュースです。オーストラリアから12人の生徒と3人の先生が火曜日に私たちの町へやってきます。問1 水曜日には彼らは私たちの学校へ来て，いくつかの教室を見学します。その後彼らは約1時間私たちと日本語で話しをします。彼らは今オーストラリアで日本語を学んでいて，柔道や剣道の練習をしています。問2 彼らは日本語や日本のスポーツをもっと学びたいと思っています。楽しんでくれることを希望します。

　次に，町の天気です。今日は一日中晴れるでしょう。明日は午前中は曇り，問3 午後には雨が降るでしょう。テレビでは来週は雪が降ると言っています。

以上です。さようなら。

問① オーストラリアからの生徒と先生はいつこの学校に来るでしょうか。
　ア．月曜日。　　イ．火曜日。
　ウ．水曜日。　　エ．日曜日。
問② オーストラリアから来る生徒たちは何をもっと学びたいですか。
　ア．日本とオーストラリア。
　イ．日本語と日本のスポーツ。
　ウ．日本と日本の食べ物。
　エ．日本語と日本の先生。
問③ 明日の午後の天気はどうなるでしょうか。
　ア．雨でしょう。　イ．曇りでしょう。
　ウ．雪でしょう。　エ．晴れでしょう。

解説

問①…オーストラリアの生徒と先生は火曜日に町に来るが，学校へ来るのは**水曜日**。
問②…オーストラリアの生徒たちは，**日本語**と柔道や剣道などの**日本のスポーツ**についてもっと学びたい。
問③…明日の天気は，午前中は曇りで，午後からは**雨**。

発音

問① Wednesday「ゥエンズデイ」
問② They want to learn Japanese and Japanese sports「ジャパニーザン（ドゥ）ジャパニーズスポーツ」
問③ will rain in the afternoon「ウィルレインインディアフタヌーン」

応用

解答　Question 1 Last summer.
　　　　Question 2 More good things about Japan.

放送された英文

　The last news is about a high school student from Canada. Brian Takahashi, seventeen, walked along some roads written about in *Oku no Hosomichi*. He walked for twenty-five days this summer, from Tokyo to Iwate.
　Brian's mother is Japanese, and she often tells him about Japanese culture. Last summer, she gave him a book about *Oku no Hosomichi*. He read some *haiku* in the book and felt excited. Since then he has been interested in *haiku*. He walked along the roads to understand the *haiku* better.
　When he was walking, he found many good things about Japan. People were very kind. The mountains and rivers were very beautiful. He says he would like to learn more good things about Japan.
Question 1 : When did Brian get a book about *Oku no Hosomichi* from his mother?
Question 2 : What would Brian like to learn?

日本語訳

　最後のニュースはカナダからの高校生についてです。ブライアンタカハシ君17歳は，「奥の細道」に書かれたいくつかの街道を歩きました。彼は今年の夏に25日間，東京から岩手まで歩きました。
　ブライアンの母は日本人で，彼女は彼に日本文化についてよく話します。Q1 去年の夏，彼女は「奥の細道」の本を彼にあげました。彼は本の中の俳句をいくつか読み，わくわくしました。それ以来彼は俳句に興味を持っていました。彼は俳句をもっと理解するために街道を歩きました。
　彼が歩いているとき，彼は日本についてたくさんのよいことに気づきました。人々はとても親切でした。山や川はとてもきれいでした。Q2 彼は日本についてのよいことをもっと学びたいと言っています。

問1　ブライアンはいつ母から奥の細道の本をもらいましたか。
問2　ブライアンは何を学びたいですか。

解説

問1…ブライアンが奥の細道を歩いたのは今年の夏だが，母から本をもらったのは**去年の夏**。
問2…ブライアンは**日本に関するよいことをもっと学びたい**。

発音

問1　last summer「ラス（トゥ）サマー」
問2　he would like to learn more good things about Japan.「ラーンモアグッ（ドゥ）スィングザバウ（トゥ）ジャパン」

[単語・文法]
Oku no Hosomichi「奥の細道」

7 応答文を答える問題

1. 何と答えるか？

[基 礎]

[解答] 場面A **エ**　場面B **ウ**

[英文]
場面A

　Hiroshi takes a train from Asahi Station to Misaki Station to go to school. He takes a train at Asahi Station at 7:10, and it takes twenty minutes from there to Misaki Station. Question: What time will Hiroshi get to Misaki Station?

場面B

　Miyoko wants to buy a small bag. One Sunday afternoon, she goes to a store. At the store, Miyoko is looking at some bags. Then a man working at the store comes to her.
Question: What will he say to Miyoko?

[日本語訳]
場面A
ヒロシは，アサヒ駅からミサキ駅まで電車に乗って学校へ行きます。アサヒ駅で7時10分に電車に乗り，そこからミサキ駅までは20分かかります。
問：ヒロシは何時にミサキ駅に着きますか。
　　ア．7時。　　　　イ．7時10分。
　　ウ．7時20分。　　エ．7時30分。
場面B
ミヨコは小さなカバンが買いたいです。ある日曜日の午後，彼女はお店に行きました。お店でカバンを見ています。するとお店で働いている男性が近くに来ました。
問：彼はミヨコになんと言うでしょうか。
　　ア．どういたしまして
　　イ．これはいくらですか。

　　ウ．いらっしゃいませ。
　　エ．これをください。

[解説]
場面A…7時10分にアサヒ駅から電車に乗り，ミサキ駅までは20分かかるということは，10＋20＝30なので，到着時間は7時30分となる**エ**が正解。
場面B…カバンを買おうとお店に行ったとき，お店の人がかけてくることばなので，当然「いらっしゃいませ」となるので，**ウ**が正しい。

[発音]
7:10は，seven ten「セヴンテン」と発音する。

[単語・文法]
take「利用する」　look at ～「～を見る」　a man working at the store「お店で働いている男性」　come to ～「～の方へくる」

[応 用]

[解答] 問題1 **イ**　問題2 **イ**

[英文]
問題1.
Tomoko is Hideo's friend.
Tomoko is talking to Hideo.
But Hideo cannot hear Tomoko well.
Hideo wants to hear one more time.
問題2.
Hideo answers the telephone.
It is from Ms. Brown.
Ms. Brown wants to talk to Hideo's mother.
But Hideo's mother is not at home.

[日本語訳]
問題1.
トモコはヒデオの友達です。
トモコはヒデオに話しかけています。
しかしヒデオはトモコの言うことがよく聞こえません。
ヒデオはもう一度聞きたいです。
　　ア．お手伝いしましょうか。
　　イ．もう一度言ってくれませんか。
　　ウ．今行きましょうか。
　　エ．私の言うことを聞きましたか。
問題2.
ヒデオは電話にでます。

ブラウンさんからの電話です。
ブラウンさんはヒデオの母と話しがしたいです。
しかし，ヒデオの母は家にいません。
ア．僕は出かけるところです。電話にでられますか。
イ．彼女は家にいません。メッセージを聞いておきましょうか。
ウ．もしもし。ブラウンさんいらっしゃいますか。
エ．すみません。電話をお借りできますか。

解説
問題1…相手の言うことがよく聞こえず，もう一度言ってもらいのであればWill you say that again という**イ**がよい。
問題2…母が今留守だというのは，She's not at home. である。また，メッセージを聞いておくこともていねいな対応として必要であろうから，**イ**が正解。

発音
問題1．cannot hear Tomoko well, wants to hear one more time がヒントとなるので聞き逃さない。特に，cannot「キャンナッ（トゥ）」の否定に注意。
問題2．But Hideo's mother is not at home が答えにつながる大切な部分である。at home「アッ（トゥ）ホーム」と[t]が脱落することに注意。

単語・文法
not ～ well「あまりよく～ない」 one more time「もう一度」 message「メッセージ，ことづて」

2. 英作文で答える問題①

基礎
解答例
1：(I like) **playing soccer** (because) **I want to become a professional soccer player.**
2：(I like) **reading books** (because) **I can learn a lot of new things from books.**

英文
　Hi, everyone. My name is Bill. I am from Australia. I like sports. In my free time, I often enjoy swimming. I also play basketball with my friends on Saturdays. It's very exciting.
　What do you like to do in your free time? Please tell me one thing. Why do you like it?

日本語訳
　こんにちは，みなさん。僕の名前はビルです。僕はオーストラリアから来ました。僕はスポーツが好きです。時間があるときには，僕はよく水泳を楽しみます。僕はまた土曜日に友達とバスケットボールもします。とても楽しいです。
　みなさんは時間があるときに何をするのが好きですか。僕にひとつ教えてください。それはなぜ好きなのですか。

解説
時間があるときにする，自分の好きなことをひとつ答え，またそれがなぜ好きなのかその理由も説明する。What do you like to do in your free time?の質問では，whatがキーワードなので，「何が」好きか聞かれていることに答える。
Why do you like it?では，why「なぜ」が大切なので，その理由を because 以下に文で答える。

発音
What do you like to do in your free time?の質問では，whatがキーワードである。Why do you like it?では，whyが大切なので，聞き逃さない。「ゥワット」，「ゥワイ」などwhの発音は始めに小さな「ウ」の音がある。

単語・文法
free time 「自由時間，暇なとき」

応用
解答例
No.1　He **wants to watch some baseball games.**
No.2　She **borrowed it last month.**

英文
No.1
Jane: Which country do you want to visit, Takeshi?
Takeshi: I want to visit America.
Jane: Why?
Takeshi: Because I want to watch some baseball games there.

質問します。
What does Takeshi want to do in America?
No.2
Jane: I'm sorry, Takeshi. I kept this book for a long time.
Takeshi: Oh, is that the book you borrowed from me last month?
Jane: Yes. This book is very interesting, but I haven't finished reading it yet.
Takeshi: That's OK. You can still keep it.
　質問します。
　When did Jane borrow the book from Takeshi?

日本語訳

No.1
ジェーン：タケシ，どの国へ行ってみたいですか。
タケシ：僕は米国へ行ってみたい。
ジェーン：なぜ。
タケシ：そこで野球の試合が見たいから。
問：タケシは米国で何をしたいですか。
No.2
ジェーン：ごめん，タケシ。この本を長く借りてて。
タケシ：ああ。それは先月僕から借りた本？
ジェーン：そうよ。この本はすごくおもしろいけど，まだ読み終わってないの。
タケシ：いいよ。まだ持ってても。
問：ジェーンはいつタケシから本を借りましたか。

解説

No.1…タケシは米国で野球の試合を見たい。
No.2…ジェーンがタケシから本を借りたのは先月。

発音

some baseball games「ゲームズ」と複数形に注意
last month「ラス（トゥ）マンス」

単語・文法

for a long time「長い間」 borrow「借りる」 not ~ yet「まだ～ない」

3. 英作文で答える問題②

基礎

解答例 I want to play soccer more.

英文

Ms. White: What do you want to do when you become a high school student?
Kenta: There are many things I want to do.
Ms. White: I see. Please tell me one of them.
Kenta: Sure. ☐

日本語訳

ホワイト先生：高校生になったら何をしたいですか。
ケンタ：やりたいことがたくさんあります。
ホワイト先生：そうですか。そのうちのひとつを教えてください。
ケンタ：はい。

解説

高校へ行ったら何をしたいか，やりたいことを答える。スポーツや勉強など簡単な英語で自分のやりたいことを言い表せるように考える。

発音

I want to do「アイウォントゥドゥ」と[t]は同化する。

応用

解答例 Yes, I do. How about next Saturday?

英文

A: Takashi, did you know a new CD shop opened last week.
B: Yes, I heard about it, but I don't know where it is.
A: I do. Do you want to go there with me?
B: (CHIME) (CHIME)
A: Next Saturday? OK, let's meet at the station.

日本語訳

A：孝，先週新しいCD店が開店したの知ってた。
B：うん。それは聞いてるけど，どこにあるか知らないな。
A：知ってるよ。そこにいっしょに行きたい。
B：

A：今度の土曜日？いいよ。駅で待ち合わせよう。

解説

新しいCD店が開店したので，いっしょに行かないか誘われている。まずはDo you want to go ～？の質問に答えなければならないので，Yes, I do.と書く。その後で，Next Saturday? に続くようなことばが必要なので，「次の土曜日はどうかな」とたずねるとよい。

発音

Do you want to go there with me?「ゴーデアウィズミー」
Next Saturday? は確かめているような意味なので，イントネーションは上昇調。

8 英文のまとめを穴埋めで完成する問題

1. スピーチの内容のまとめを穴埋めで完成する問題（英語）

基礎

解答 ① two ② peace

英文

I visited my sister last December. She has lived in Hiroshima for three years. There are some big cities between Tokyo and Hiroshima, for example, Yokohama, Nagoya, Kyoto, Osaka, and Kobe. I took the Shinkansen and visited Nagoya first. It is a big city and has a lot of places to see. The food I ate was good. I stayed there for three days. I had a good time there. After that, I went to Hiroshima by Shinkansen. My sister and I visited the Hiroshima Peace Park. She told me a lot of sad things about Hiroshima. I was very sad to hear about it. I came back to Tokyo by plane four days later. I think that world peace is very important. We should not make people sad again.

日本語訳

去年の12月私は妹を訪ねました。彼女は広島に3年間住んでいます。東京と広島の間には，例えば横浜，名古屋，京都，大阪，神戸などの大都市があります。私は新幹線に乗ってはじめに名古屋を訪れました。そこは大きな都市でたくさん見る場所があります。私が食べた食べ物はおいしかったです。私はそこに3日間滞在しました。楽しかったです。その後，私は新幹線で広島に行きました。妹と私は広島平和公園を訪れました。彼女は広島についての多くの悲しい話しをしてくれました。私はそれを聞いてとても悲しかったです。4日後私は飛行機で東京へ戻りました。私は世界平和がとても大切だと思います。私たちは人々を再び悲しませてはいけません。

解説

① …グリーン先生は，昨年12月に名古屋と広島を訪れたので，2つの都市へ行った。
② …グリーン先生は世界平和が大切だと思っている。世界平和をworld peach = the peace of the worldと言い換えているのに注意。

発音

① Nagoya, Hiroshima — two cities「トゥシティーズ」
② world peace「ワール（ドゥ）ピース」

単語・文法

Hiroshima Peace Park「広島平和（記念）公園」
sad「悲しい」 make ＋ 人 ＋ 形容詞「人を～させる」

応用

解答例 ① Saturday ② fun ③ yellow ④ between ⑤ month

英文

Hello, everyone.

Last Saturday I went hiking with Ms. Brown and my friends. We went to Lake Asahi. We had lunch and enjoyed cookies made by Ms. Brown. They were very nice. During lunch, we tried to speak English. It was very difficult for me, but it was a lot of fun.

Here's a picture Ms. Brown took. You can see two girls and me in the picture. Do you see the girl with long hair? That's Keiko. The girl wearing the yellow sweater is Naomi. I'm standing between them.

We really had a good time. Next month we're going to Mt. Heiwa for birdwatching.

日本語訳

こんにちは，皆さん。

①先週の土曜日，私はブラウンさんと私の友達といっしょにハイキングに行きました。私たちはアサヒ湖へ行きました。私たちは昼食とブラウンさんが作ったクッキーを楽しみました。それはとてもおいしかったです。昼食のとき，私たちは英語で話すように努めました。それは私にとって難しかったですが，②とても楽しかったです。

これがブラウンさんの撮った写真です。写真に2人の女の子と私が写っているのが見えるでしょう。髪の長い女の子が見えますか。それがケイコです。③黄色いセーターを着ているのはナオミです。④私は彼女たちの間に立っています。

私たちは本当に楽しかったです。⑤来月は平和山にバードウォッチングに行く予定です。

解説

①…明子がハイキングに行ったのは先週の**土曜日**。

②…昼食のとき，英語で話すように努めたが，それは困難だったが**楽しかった**。

③…ナオミは**黄色い**セーターを着ていた。

④…明子は，写真の中でケイコとナオミの**間**に立っている。

⑤…明子が平和山にバードウォッチングに行くのは，**来月**の予定。

発音

① Saturday「サタディ」
② fun「ファン」
③ yellow「イエロー」
④ between「ビトゥウィーン」
⑤ month「マンス」

単語・文法

go hiking「ハイキングに行く」 made by ～「～が作った」 a lot of fun「とても楽しい」 sweater「セーター」 birdwatching「バードウォッチング（野鳥観察）」

2. 放送・アナウンスのまとめを穴埋めで完成する問題（日本語）

基礎

解答 ア．2種類　イ．大きさ
　　　　ウ．ホストファミリーと話をすること

英文

Now, I'll give you this weekend's homework. We are going to visit the zoo next week, so please write a report about the animals of Australia. Please look at the pictures on the paper. There are eight animals. Write a report about two of the animals. Tell me where they live, how large they are and what they eat. When you do this homework, you must talk with your host family. This is the most important thing. Of course, you can go to the library or use the Internet. Any questions? (pause) OK. Have a nice weekend.

日本語訳

それでは，今週の宿題を出します。来週動物園を訪れるので，オーストラリアの動物についてレポートを書いてください。その紙にある動物を見てください。8種類の動物がいます。そのうちのア2種類についてレポートを書いてください。どこに住んでいるか，どのくらいのイ大きさか，何を食べるかを書いてください。この宿題をするときには，あなたはウホストファミリーと話しをしなければなりません。これが最も大切です。もちろん，図書館へ行くことも，インターネットを使うことも出来ます。なにか質問は。（ポーズ）いいですね。楽しい週末を。

解説

ア．…レポートに書く動物の数は2種類。

イ．…レポートに書くのは，どこに住んでいるか，どのくらいの大きさか，何を食べるかについて。

ウ．…宿題をするうえで最も大切なのは，ホストファミリーと話しをすること。

発音

答えを書くうえで大切なポイントとなっている下記の部分を聞き逃さないように注意する。

ア．two of the animals「トゥオブディアニマル

イ．how large「ハウラージ」
ウ．you must talk with your host family「ユーマス（トゥ）トークウィジュアホストファミリ」

単語・文法
weekend「週末」 homework「宿題」 zoo「動物園」 report「レポート」

応用

解答例 A．4 B．60 C．バス D．飲み物
　　　　E．公園 F．駅を掃除 G．2795

英文
　Good morning, everyone. Are you interested in working as a volunteer? Next month, on April 10th, we are going to clean Central Park. We need sixty volunteers. If you want to join us, please come to Central Station at eight o'clock. We will take a bus from the station to the park together. You need to bring your lunch, but you don't have to bring anything to drink. We will bring something to drink. After cleaning the park, we will not go back to the station. You can go home from the park. If it rains, we will not go to the park. We will clean the station. If you have any questions, please call me. My name is Jim Clark. The number is 814-736-2795. I hope many volunteers will join us.

日本語訳
　おはようございます，みなさん。ボランティアとして働くことに興味はありますか。来月，A 4月10日，私たちはセントラル公園の清掃を行います。B 60人のボランティアが必要です。もし参加したければ，8時にセントラル駅に集まってください。駅から公園までいっしょに C バスに乗っていきます。昼食を持ってくる必要がありますが，D 飲み物は持ってこなくでも大丈夫です。こちらで飲み物を持って行きます。公園の清掃後は，いっしょに駅には戻りません。E 公園から帰宅して結構です。もし雨が降ったら，公園へは行きません。F 駅を清掃します。もし質問があれば，私に電話してください。私の名前は，ジムクラークで

す。電話番号は814-736-G 2795です。多くのボランティアの方が参加してくれることを期待しています。

解説
A．…**4月10日**にセントラル公園の清掃
B．…**60人**のボランティアを募集
C．…8時にセントラル駅に集合し，**バス**で公園へ行く。
D．…昼食は持参するが，**飲み物**は持参する必要なし。
E．…解散場所は，清掃後**公園**で。
F．…雨の場合にはセントラル**駅を掃除**する。
G．…問い合わせ先は，814-736-**2795**。

発音
それぞれの空所を埋めるうえでポイントとなることばや文は下記の通りなので，聞き逃さないように注意する。
A．April「エイプリ（ル）」語尾の[l]が脱落。
B．sixty「シィクスティー」イントネーションは前にある。
C．take a bus「テイカバス」
D．you don't have to bring anything to drink.「エニスィングトゥドリンク」don'tの否定に注意。
E．you can go home from the park.「フラムダパーク」
F．We will clean the station.「クリーンダステイシュン」
G．2795「トゥセブンナインファイ（ブ）」

単語・文法
be interested in ～「～に興味がある」 work as ～「～として働く」 volunteer「ボランティア」 join「参加する」 take ～「～を利用する（乗り物に乗る）」

9 英文を聞きとる問題

1. 英文を聞きとり書きとる問題

基礎

解答　ア．Tuesday イ．cooking
　　　　ウ．interested in each country

61

[英文]

　It's time for Hyogo News Today. Ten high school students from China came to Hyogo last ァ(Tuesday). Today they enjoyed ィ(cooking) with Japanese students at Minato High School. The students said they had a good time together and they were ゥ(interested in each country).

[日本語訳]

本日の兵庫ニュースの時間です。中国から10人の高校生が先週の火曜日に兵庫へやってきました。今日彼らはミナト高校の日本人生徒といっしょに料理を楽しみました。いっしょに楽しかった，それぞれの国に興味を持ったと生徒たちは言いました。

[解説]

Tuesday, cookingなど単純なスペルミスがないように。be interested in ～は「～に興味がある」の熟語から判断する。each は単数形の名詞の前に来るのでcountryは単数。

[応用]

[英文]

1. This CD is really great! (Can I get it at any store)?
2. You're always smiling. (Why are you so happy all the time)?

[日本語訳]

1. このCDは本当にすばらしい。どこのお店でも買えますか。
2. あなたはいつも笑ってますね。なぜいつもそんなにうれしいのですか。

[解説]

1. This CD は単数なのでitで指す。「店」store の前につく前置詞は at であることなどから，get it, at any store の音の連続を冷静に分析する。
2. 疑問文なので are you という語順になる。so は「とても」，all the time「いつもは」smiling からも連想できる。

[発音]

1. Can I「キャナイ」, get it「ゲリッ（トゥ）」, at any store「アッ（トゥ）エニストア」の音の連続に注意。
2. soを聞き逃さないこと。all the time「オールダタイム」の音の連続に注意。

B